田舎の相続

事例に即したQ&Aでよくわかる

相続手続　　遺　言
相 続 税　　後　見
信　　託　　生前対策

梅谷正太・梅谷俊平　著
法務・会計梅谷事務所

FSC 金融ブックス

はじめに

相続は、先祖から受け継がれてきたものや、大切にされてきたもの、親が残してくれたものなどを受け継ぐことです。とてもありがたいことですが、この本を手に取られた方は、相続の手続きは「簡単ではない」と思っていることでしょう。はい、そのとおりです。

財産は、相続すべき人たちで分け合うことになりますが、土地や家など単純に切り分けることができないものもあるのが難しいところです。兄弟姉妹や子ども世代など、関係者が多ければどうしても複雑になってしまいます。

では、「田舎」の場合にはどのような特徴があるでしょうか。

田舎の方たちは、比較的に人情に厚く、人を思いやる気持ちが強いようです。そのため、自分のことより「財産を残してあげたい」と、先祖からの土地を守り、ものを大切に、無駄使いせず、堅実に生活しておられる方が多く、想像以上に多額の金融資産をお持ちの方も少なくありません。

しかし、生活スタイルや価値観は変化、多様化しており、いわゆる「空き家」や、使われていない田畑も見られるようになっています。親が一生懸命作り、家族が生活してきた家などに特別な思いを持つ方がいる一方で、受け継がれてきた土地や家を引き継ぐことに、戸惑いを感じる方もいるのです。

また、全国から集ってきた人たちが多い都心とは違って、近隣の方々とのつながりが強いのも田舎の特徴と言えるでしょう。ご近所、あるいは親類とのお付き合いのなかで、自然とできあがってきた暗黙のルールのようなものもあり、法律ではないからと、完全に無視するわけにはいかないものです。


相続は、一生のうちに何度も経験することは非常に少なく、相続に関する知識をお持ちでなくても不思議ではありません。実際には、専門家に相談して進めるのが一般的ですが、何も知らないのと、少しでも知っているのとでは大違いです。

本書は、以下の三章で構成されています。

一章　相続の基礎知識
相続の登場人物や、相続の対象、遺言など基礎的な情報です。

二章　田舎の相続Q＆A
相続の手続き、相続税や評価、生前対策や後見など、具体的な相談例と解答を紹介しています。

三章　田舎の相続税対策
生前にできる相続税対策のうち、行いやすいものを選びました。

本書では、相続の一般的な知識、特に田舎でよくある疑問や事例など、財産を残す方、また相続をする方に知っていただきたいことを、できるだけわかりやすく解説しています。興味のあるテーマだけ読んでいただいても構いません。円満に手続きを進め、笑顔で相続するための、助けにしていただければ幸いです。

1章　相続の基礎知識

2章　田舎の相続Q&A

3章　田舎の相続税対策

1 章　相続の基礎知識

相続の主な登場人物

「被相続人」とは財産を遺す人

亡くなって財産を残す人のことを「被相続人」といいます。相続に関する書類や、専門家の説明などでは、よく使われる用語です。

「法定相続人」とは相続する権利がある人

被相続人が亡くなって、財産を相続する権利のある人のことを「法定相続人」といいます。誰が法定相続人となるかは、民法で定められています。

単に「相続人」という場合は、実際に相続する人のことを指します。「法定相続人＝相続人」として使われることもありますが、法定相続人であっても相続しない（「相続放棄」といいます）ことができるので、「法定相続人≠相続人」となる場合もあります。

「推定相続人」とは相続すると想定される人

被相続人が将来亡くなったときに、相続人になると想定される人のことを「推定相続人」といいます。推定相続人が法定相続人になるのは、被相続人が亡くなって、戸籍謄本等により相続する権利があると確定してからです。

「受遺者」とは遺言によって財産を受け取る人

遺言が残されている場合は、遺言の指定に沿って財産が譲り渡されることになります。遺言書で指示されていることによって財産を受け取る人のことを「受遺者」といいます。遺言を書けば、法定相続人以外に財産を分けることもできますが、それは財産を承継する「相続」とは異なるため、相続人とはなりません。遺言に法定相続人にどれだけの財産を引き継ぐかが書かれている場合には、法定相続人＝受遺者となることもあります。

誰がどれだけ相続するのか

法定相続人には順位がある

まず被相続人の「配偶者」は、必ず法定相続人です。

それ以外の法定相続人には、被相続人からみた親子、兄弟等の関係によって、「第一順位」、「第二順位」、「第三順位」が決められています。第一順位の人がいなければ第二順位の人、第二順位の人もいなければ第三順位の人が法定相続人となります。

第一順位の子が亡くなっている場合、または第三順位の兄弟・姉妹が亡くなっている場合に、孫、または甥や姪が相続することを「代襲相続」といいます。また第一順位の子の配偶者、第三順位の兄弟・姉妹の配偶者は、通常、法定相続人にはなりません。

相続順位

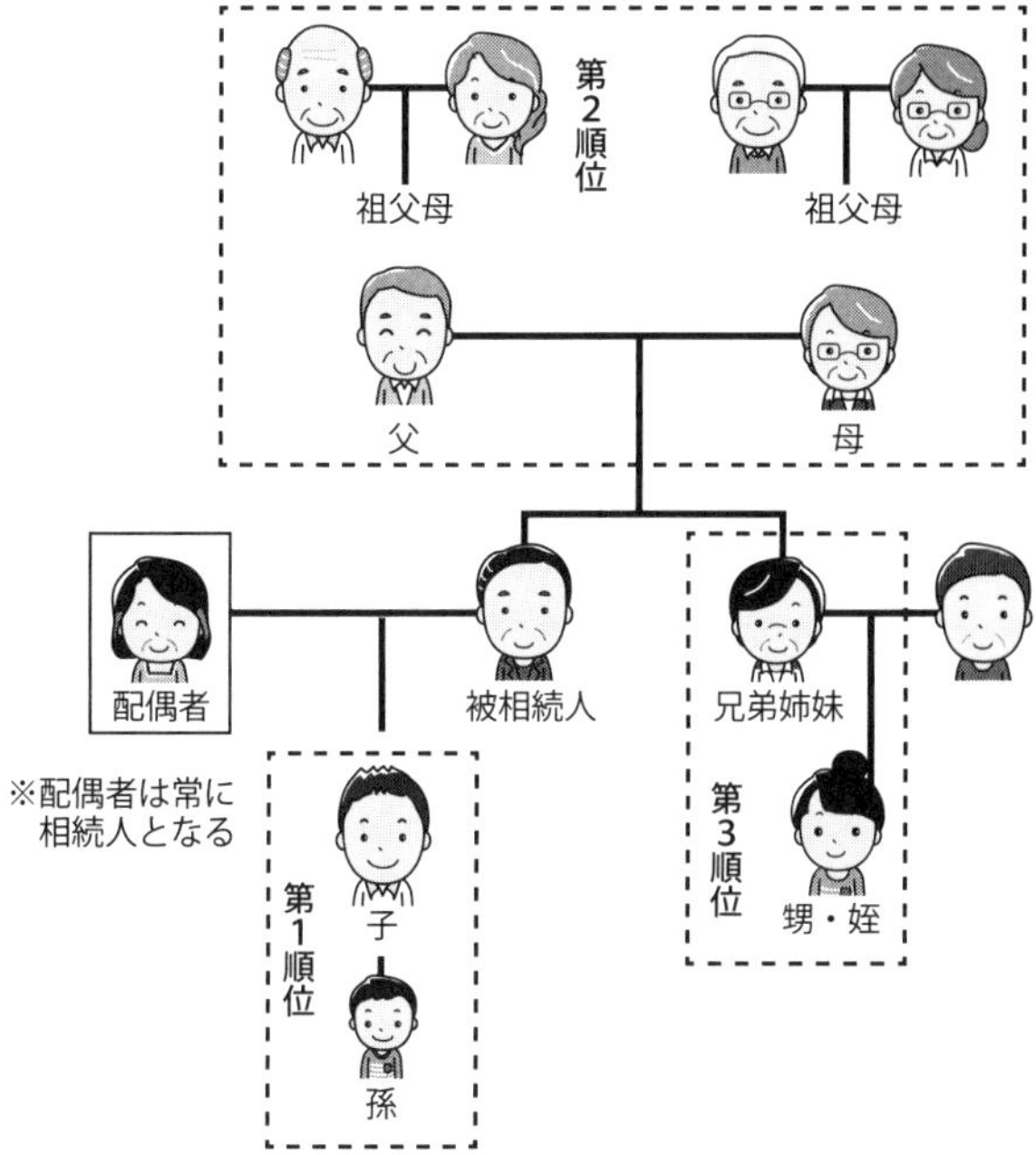

順位	該当者
第一順位	被相続人の子。ただし、子がいない（被相続人より先に亡くなっている等）場合は、その子の子（被相続人からみて孫）が第一順位となる
第二順位	被相続人の親。ただし、親がいない（被相続人より先に亡くなっている等）場合は、その親の親（被相続人からみて祖父母）が第二順位となる
第三順位	被相続人の兄弟・姉妹。ただし、兄弟・姉妹がいない（被相続人より先に亡くなっている等）場合は、その兄弟・姉妹の子（被相続人からみて甥、姪）が第三順位となる

相続できる財産の割合

それぞれの法定相続人が相続することができる財産の割合も、下の表のように民法で定められています。これを「法定相続分」といいます。

財産の分け方を話し合う「遺産分割協議」

誰かが亡くなると、その人（被相続人）のすべての財産は、いったん相続人全員の共有財産となり、それを相続人の間で分け合うことになります。財産の分け方を指示した遺言がない場合は、法定相続人が法定相続分で分け合うのが原則です。

法定相続分は「これだけ相続する権利がある」ということを示したものなので、それぞれの事情に応じて、自

法定相続人	法定相続分
配偶者と第一順位（子または孫）	1／2　→配偶者 1／2　→第一順位の人数で均等割り
配偶者と第二順位（親または祖父母）	2／3　→配偶者 1／3　→第二順位の人数で均等割り
配偶者と第三順位（兄弟姉妹または甥・姪）	3／4　→配偶者 1／4　→第三順位の人数で均等割り
配偶者がいない	法定相続人の人数で均等割り

◇◇◇◇◇◇◇◇◇◇◇◇◇◇◇◇◇◇◇◇◇◇◇◇◇◇ 遺産分割協議書の作成例 ◇◇◇◇◇◇◇◇◇◇◇◇◇◇◇◇◇◇◇◇◇◇◇◇◇◇

遺産分割協議書

被相続人山田太郎（令和○○年○○月○○日死亡、最後の住所地○○市○○町○丁目○○番）の遺産につき、同人の相続人全員において協議を行った結果、各相続人は次のとおり遺産を分割し取得することに決定した。

1　相続人山田花子が取得する財産
(1)　土地
所　　在　○○市○○町○丁目
地　　番　○○番
地　　目　宅地
地　　積　○○.○○平方メートル
(2)　建物
所　　在　○○市○○町○丁目○番地
家屋番号　○○番
種　　類　居宅
構　　造　木造瓦葺弐階建
床 面 積　○○.○○平方メートル
2　相続人山田一郎が取得する財産。
○○銀行○○支店に対する預金債権
3　相続人山田二郎が取得する財産
ゆうちょ銀行○○支店に対する貯金債権
4　相続人山田花子は、被相続人甲の葬儀費用その他の相続債務の全てを負担する。

以上のとおり、相続人全員による遺産分割の協議が成立したので、これを証するため本書を作成し各自記名押印する。

令和○○年○○月○○日
相続人　住　所　○○県○○区○○町一丁目12番3号
　　　　氏　名　山　田　花　子　　　㊞
相続人　住　所　○○県○○市○○町二丁目34番5号
　　　　氏　名　山　田　一　郎　　　㊞
相続人　住　所　○○県○○市○○町三丁目45番6号
　　　　氏　名　山　田　二　郎　　　㊞

由に分け方を決めることができます。実際、法定相続分どおりということはほとんどなく、多くの場合は相続人の間で相続財産をどのように分けるか、話し合いが行われます。この話し合いが「遺産分割協議」で、話し合いで合意した内容を「遺産分割協議書」に記し、相続人全員が署名・押印をします。

相続人が誰もいない場合

法定相続人となるのは、配偶者と、第一順位から第三順位までに該当する人だけですから、たとえ血がつながっていても、それ以外の人は法定相続人にはなりません。そのため、配偶者も子どももいない、兄弟・姉妹もいない、親・祖父母はすで他界しているなどの場合には、相続人がいないことになります。また法定相続人がいても、全員が相続の権利を放棄するなどの理由で、相続人がいないケースもあります。このように相続人が誰もいないことを「相続人不存在」といいます。

相続人不存在の場合は、まず家庭裁判所に申し立てをし、「相続財産管理人」を選任します。身寄りがない方の場合は、債権者や後見人がこの申し立てをすることが多いです。

相続財産管理人がすべき手続きは、不動産等を現金化し、債権者等への支払いや、被相続人と同一生計にあった人や看護をした人など（特別縁故者）への財産分与を行い、さらに残った場合は国庫に納めます。

何が相続の対象となるのか

「財産」とは、「相続財産」とは

「財産」とは、経済的な価値があるもの、金銭的な価値があるものの総称です。現金や預貯金、土地や家などの不動産、有価証券、自動車、貴金属や宝石、骨董品、絵画等の美術品、電話加入権、家財道具など、すべてが財産です。

「相続財産」とは、亡くなった人に属していた財産で、相続の対象となるもののことです。相続財産には、「積極財産」（プラスの財産）と「消極財産」（マイナスの財産）があります。積極財産とは主に現金や預貯金、有価証券、不動産、貴金属、骨董品などプラスの価値があるもの、消極財産とは借金や買掛金などのことです。

相続人は消極財産も含めてすべて相続することが原則です。たとえば、被相続人に借金があれば、相続人は返済の義務を負うことになります。

相続はすべての財産を明らかにすることから

相続するには、被相続人のすべての財産を明らかにしなければなりません。しかし所在や価値がわからないものも多いのが現実です。どのような財産があるのか、それらの評価額はどの程度か（土地や家がいくらか等）、マイナスの財産はないかなどの調査は、相続には欠かせないステップなのです。

相続財産の調査、評価は、どうしても手間と時間がかかりますから、相続が開始されたら、早期に調査を始めることをお勧めします。相続のしかたや、そもそも相続するかどうかを決めるのは、相続開始から3か月以内と期限が決められており、その判断をするためには調査の結果が必要だからです。

どのような方法で相続するか

相続のしかたは3種類、選択期限は3か月

被相続人の財産がプラスの財産ばかりなら何も問題はありませんが、マイナスの財産が多い場合もあります。

たとえば、被相続人が生前に借金をしていた場合、連帯保証人になっていた場合などには、金融機関から相続人に対して、借金の返済（債務弁済）を求められます。自分とはまったく関係ない借金でも、相続によって支払い義務が発生してしまうのです。

そこで法定相続人は、被相続人が残した相続財産を、どのように相続するかを選択することができるようになっています。相続のしかたには、「単純承認」、「相続放棄」、「限定承認」の3種類があり、相続財産の状況によってどの方法にもメリット、デメリットがあります。

相続放棄や限定承認を選択する場合は、相続開始（被相続人が亡くなった日）から3か月以内に手続き(家庭裁判所への申し立て)をする必要があります。ただし、「亡くなったことを全く知らなかった」、「財産があることを全く知らなかった」など、正当な理由と認められる場合には、3か月を経過していても手続きできる場合があります。

すべてを無条件に引き継ぐ「単純承認」

単純承認とは、プラスの財産もマイナスの財産も、無条件・無制限にすべて引き継ぐ方法です。自ら単純承認の意思表示をしていなくても、左記の場合には単純承認が成立する（法定単純承認）ため、他の方法を選ぶことはできなくなります。

①相続人が相続開始を知った時から3か月以内に限定承認または放棄をしなかったとき
②相続人が、相続財産の全部または一部を処分したとき
③相続人が、限定承認または放棄をした後でも、相続財産の全部もしくは一部を隠匿し、私的にこれを消費し、または悪意でこれを財産目録に記載しなかったとき

被相続人が亡くなってから3か月以内に他の方法を選ばなかった場合は、自動的に単純承認となります（①）。

財産の分割が終わるまでは、相続財産は相続人全員の共有財産なのに、勝手に使ったり、売ったり、捨てたりしたような場合（②）、他の相続方法を選んでいたとしても、財産の分割が終わる前に使ったり、意図的に隠していたりした場合（③）も、単純承認とされます。

すべて相続しない「相続放棄」

相続放棄とは、相続権を放棄する、つまりプラスの財産もマイナスの財産もすべて相続しない方法です。相続放棄をしたい場合は、相続開始（被相続人が亡くなった日）から3か月以内に家庭裁判所への申し立てが必要です（何も手続きをしないと単純承認になってしまいます）。

相続放棄は、以下のような場合に選択されることが多いです。

・プラスの財産より、マイナスの財産の方が多い、あるいは多額
・マイナスの財産の額が確認できない
・財産を相続しなくても生活できる
・世話をしてこなかったので、何も受け取らなくていい
・争いになるといやなので、相続したくない

相続放棄は、被相続人が残した借金などの支払いから免れることができますが、プラ

スの財産も一切受け取ることができません。

第一順位の人が相続放棄すると、第二順位の人が法定相続人となり、第二順位の人も相続放棄すると第三順位の人が法定相続人となります。第三順位の人も相続放棄した場合には、相続する人がいないことになりますから、家庭裁判所に申し立てをし、その財産を処分してくれる「相続財産管理人」を選任してもらう必要があります。

プラスの財産を限度にマイナスの財産を引き継ぐ「限定承認」

限定承認とは、マイナスの財産に関して、プラスの財産の額までを限度として引き継ぐ方法です。マイナスの財産の方が多い場合でも、プラスの財産で受け取る以上の債務を抱える必要はなく、逆にプラスの財産の方が多ければ、それは全部受け取ることができます。

限定承認をするには、相続開始（被相続人が亡くなった日）から3か月以内に家庭裁判所への申し立てが必要で、手続きも少々複雑です。この方法を選択される方は、実際はあまり多くないのですが、以下のようなケースには有効な方法でもあります。

・債務の方が多いかどうか、はっきりしない
・家業を継ぐので、相続財産の範囲内であれば債務を引き継いでも良い
・債務を加味しても、どうしても相続したい財産（現在住んでいる自宅など）がある

限定承認をすると、債務が多くても自宅を維持することが可能です。

たとえば「1000万円の自宅」（プラスの財産）と「1500万円の借金」（マイナスの財産）があった場合、限定承認ではマイナスの財産のうち500万円は免除されます。1000万円の借金を返すために、自宅を売ることになりますが、売った家は自ら優先的に買い戻すことができます。これを「先買権」といいます。

買い戻すには1000万円の資金を自分で用意する必要はありますが、相続した借金を返すために住むところを失うという事態は、限定承認によって避けることができます。

遺言は必要か、どう実行されるか

財産の引き継ぎ先を指定できる「遺言」

自分の死後、所有している財産をどのように分割、処分するかは、「遺言」に書き残すことができます。特に遺言がない場合には、民法に則って法定相続人が財産を分け合うことになりますが、遺言で指定しておけば、法定相続人以外の人に財産を残すことが可能です。遺言で指定して財産を譲り渡すことを「遺贈」、譲り渡される人を「受遺者」といいます。

相続では、家族、親族である法定相続人であっても、残念なことに争いが起こってしまうことがあります。被相続人が自分の財産の引き継ぎ先を指定することは、円満な相続のためにも大切なのです。また自分が亡くなった場合に、相続人がいない可能性が高い人は、遺言を残しておくべきでしょう。

自分で書く遺言、専門家が作成する遺言

遺言書には大きく分けて、専門家に依頼せず手軽に自分で作成する「自筆証書遺言」と、専門家のアドバイスを受けながら作成する安全で確実な「公正証書遺言」の2つがあります。これらの主なメリット、デメリットは以下のとおりです。

公正証書遺言以外は「検認」が必要

公正証書遺言以外の遺言は見つかった時点で、速やかに、家庭裁判所で「検認」の手続きを行う必要があります。自筆証書遺言を検認なしに実行することはできません。

検認とは、遺言書の形式や状態、内容を調査する手続きです。家庭裁判所において、相続人の立会いのもとに遺言書の開封、検認が行われ、その結果を記載した「検認調書」という公認文書が作成されます。

検認は、遺言書の偽造・変造を防止する手続きで、遺言書が有効かどうかを判断するものではありません。また公正証書遺言の場合は、検認は不要です。

	自筆証書遺言	公正証書遺言
概要	日付・氏名を含め、自筆で遺言書を作成し、押印する	公証人役場で、2名の証人の前で遺言内容を公証人に申し述べ、公証人が遺言書を作成する
メリット	・手軽でいつでもどこでも書ける ・費用がかからない ・誰にも知られずに作成できる	・公文書として、強力な効力をもつ ・家庭裁判所での検認手続が不要 ・死後すぐに遺言の内容を実行できる ・原本は公証役場に保管されるため、紛失・変造の心配がない
デメリット	・不明確な内容になりがち ・形式の不備で無効になりやすい ・紛失や偽造・変造、隠匿のおそれがある ・家庭裁判所での検認手続が必要	・証人が必要（成年者であることが必要で、推定相続人やその配偶者、ならびに直系血族等はなれない） ・費用がかかる

遺言の内容を実行する「遺言執行者」

亡くなっている遺言者の代わりに、遺言の内容を実行する人を「遺言執行者」といいます。遺言執行者を指定する方法は、遺言書に遺言執行者を記載するか、遺言書に遺言執行者を選任する人を記載するかのいずれかで、生前の取り決めは無効です。遺言書に遺言執行者の指定がない場合、または指定された人が死亡等によりいない場合には、家庭裁判所に遺言執行者の選任を申し立てます。

遺言執行者は、必ず指定しなければいけないものではありませんが、不動産登記の申請や引渡しの手続き、不動産の遺贈など、遺言執行者がいなければ実現できないこともあります。また遺言執行者には誰を選任してもかまいませんが、法律の知識が必要になるため、相続の専門家に任せることをお勧めします。

遺言があっても、法定相続人には権利がある

たとえば、遺言で被相続人が、法定相続人以外の第三者にすべての財産を譲り渡すと

指定しても、兄弟・姉妹以外の法定相続人には、一定割合を相続する権利があります。この割合のことを「遺留分」といいます。

遺留分は、配偶者、子どもが法定相続人の場合は、相続財産の1／2、親（あるいは祖父母）のみが法定相続人の場合は、相続財産の1／3と定められており、それを法定相続分に従って分けることになります。兄弟・姉妹だけが法定相続人の場合には、遺留分はありません。

遺留分は、本来法定相続人が得られるはずの財産が、遺言や生前贈与等によって極端に少なくなったり、無くなったりすることへの保護措置です。遺留分を受け取る権利のある人は、遺贈や贈与によって財産をもらった人に対して、財産の返還を求めることができます。これを「遺留分減殺請求」といいます。

遺留分減殺請求は、相続開始（被相続人が亡くなった日）から1年以内に行わなければなりません。請求をしない限りは、遺留分は発生せず、遺言どおりとなります。

相続手続きの主なスケジュール

3か月、4か月、10か月に注意

相続は、被相続人が亡くなった日から始まります（相続開始）。相続の手続きには、「3か月以内」、「10か月以内」などのいくつかの期限がありますが、これらは「相続開始があったことを知った日」から起算します。亡くなったことをまったく知らなかった場合など、「相続開始」と「相続開始があったことを知った日」が異なる可能性もありますが、通常は「亡くなった日」＝「相続開始」＝「相続開始があったことを知った日」とされています。

相続に関わる手続きは、調査が必要だったり、書類を用意したり、家族で話し合ったりと、時間がかかるものです。実際は四十九日が終わる頃から、本格的に手続きに着手する方が多いですが、ご家族の状況を見計らいつつ、できるだけ早めに動き始めることをお勧めします。

相続手続きの主なスケジュール

被相続人の死亡＝「相続の開始」
・葬儀費用の領収書などの保管

↓

四十九日が終わる頃
・遺言書の有無の確認
・相続人の確定（戸籍の収集）
・相続財産の調査・確定
・遺産分割案を検討
・相続税がかかるかどうかの調査

↓

3か月以内
・相続放棄・限定承認を家庭裁判所へ申述

↓

4か月以内
・被相続人の所得税と消費税の申告（被相続人が亡くなった年の「1月1日～死亡日」のもの）

↓

10か月以内
・相続税の申告

↓

1年以内
・遺留分の減殺請求

２章　田舎の相続Ｑ＆Ａ

預貯金は受け取りたいけれど、田畑は欲しくない

農地を除いて、他の財産だけ相続することはできますか

財産の一部だけを相続することはできません

「自分は都会で生活しているし、田舎に戻って農業をするつもりもない。預貯金は欲しいけれど、農地はむしろ負の遺産になってしまうのでいらない」

こういう話は、田舎では珍しくありません。

結論から申し上げると、預貯金は相続して、田畑は相続しないということはできません。預貯金も田畑もすべての財産を受け取らないなら「相続放棄」という方法がありますが、預貯金を受け取りたいならば、田畑も相続する以外の道はありません。

よく「農地を行政に寄付することはできないか」というご相談もいただきますが、残念ながら、行政も受け取ってはくれません。

農地を売却したいと思っても、農業・農地を守ることを目的に設けられている「農地法」の制限が厳しく、自由な売買は難しいのが現実です。仮に売ることができたとしても、非常に安いことは覚悟しなければなりません。

では現実的なこととして「農地を相続するとどうなるか」という話をしましょう。田畑などの農地を相続したら、たとえ農業を営まないとしても、草取りや水路掃除などの「管理」はしなければなりません。この管理については、農協や営農組合（地元の農家の方々が作っている組合）、農業生産法人などに委託することができますが、管理の委託に伴う費用や、固定資産税は負担することになります。

管理を委託していると、委託先の農協などが農地の売買を斡旋してくれることもあります。もし農地を拡大したいと考えている農家などがあれば、売却の可能性もゼロではないのです。

管理を委託して、負担を軽減することも検討してみましょう。

相続放棄しましたが

空き家になった家は放置しておいていいですか

相続放棄しても、一定の管理義務があります

相続放棄は、借金が多い場合などに選ばれる方法で、一切の財産を受け取らないため、借金等の責任も負う必要はありません。しかし自分は相続放棄したとしても、次の持ち主＝管理する人が決まるまでは、「もう関係ありません」というわけにはいかないのです。

「管理」とは、具体的には現状を維持することです。何も変化がなければ見守るだけですが、家が崩れそうになったりしたら、修繕して維持する必要があります。

では第一順位から第三順位までの法定相続人が、すべて相続放棄したらどうなるでしょうか。その場合は、相続財産は誰も管理する人がいなくなってしまいますので、家庭裁判所に申し立てをして、財産の管理を任せる「相続財産管理人」を選んでもらうこ

とになります。この場合も、相続財産管理人が決まるまでは、管理しておかなければなりません。

相続財産管理人には、司法書士や弁護士といった専門家が選任されるのが一般的です。相続財産管理人が行う不動産等の現金化、負債の精算など、一連の仕事には、予め報酬を支払う必要があります。報酬の金額は、各家庭裁判所に依るので一概には言えませんが、おおむね50万円から１００万円程度です。

欲しくない財産だから相続放棄したのに、費用がかかるのは不本意かもしれません。でも相続財産管理人に管理を任せるまでは、ずっと管理義務があり続けますし、もし放置しておいた家が崩れたりしたら、その責任を問われる可能性もあります。

不要な空き家でも、放置せずにきちんと処分しましょう。

代々長男が家を継いできたけれど

全財産を相続した長男が亡くなったら、次男や三男はどうなりますか

亡くなった人の兄弟・姉妹は相続できませんが、策はあります

昔の慣習では、相続財産のすべてを長男名義にするのは当たり前でした。田舎では50～60年ほど前に、長男が先代の全財産を引き継いでいる例はまだあります。ではその長男が亡くなったら、どうなるでしょう。

今の相続の法律では、亡くなった長男（被相続人）の家族（配偶者、子ども）が、まず相続の権利を得ることになり、長男の兄弟・姉妹には相続の権利はありません。しかし実際には、長男名義である家に次男家族が住んでいるとか、次男が事業を続けているということもあり、長男が亡くなることで家や事業を失うことになってしまいます。長男の相続財産を、兄弟・姉妹に直接分けるには「贈与」するという方法もありますが、

高額な贈与税がかかってしまいます。

　この例のように、先代からの相続と実態とが食い違っている、つまり相続が間違っていた場合には、先代に戻って相続をやり直すことが可能です。先代の相続財産が高額で、相続した長男が相続税を納めている場合には、調整が必要になるかもしれませんが、相続のやり直し自体に期限はありません。

　相続のやり直しには、相続人全員の同意が必要です。しかし現状のまま無理に進めてしまうと、親族間の関係にも良くありませんから、実態に合わせて間違いを修正するのは正しい選択だと思います。

「相続のやり直し」により、実態と合わせた相続に

先代の相続が間違っていたなら修正しましょう。

遺言を書いておけば、それでOKですか

書いただけで親族が知らないと、問題になるかもしれません

遺言は、日付・氏名を含め、自筆で遺言書を作成し、押印する（自筆証書遺言）か、2名の証人を伴って公証人に作成(公正証書遺言)してもらうことができます。遺言は、本人が書きたいと思えば作ることができるのです。

法律上はそれでいいのですが、内容によっては問題の火種となることがあります。

田舎では本家、分家という考えが残っている場合があります。たとえば、妻（配偶者）も子どももいない次男（＝分家）が、地元に残って家と土地を引き継いでいたとします。その次男が亡くなり、遺言で親族でもない第三者にすべてを譲ると言い残していたら、本家側としては、代々引き継がれてきた家と土地を他人に渡してしまうことに、異議を

唱えたとしても不思議はありません。また譲られた第三者も、後々居心地の悪い思いをしたり、悪者扱いされてしまったりすることもあり、良かれと思ってしたことが迷惑になってしまうかもしれません。

このような問題を防ぎつつ遺言を残すには、どうしたら良いでしょうか。

重要なのは、遺言を作る意図や思いを、関係者と共有することです。「妻も子どももいない私が一番お世話になった人に、すべてを譲りたい」と考えているなら、その思いを、親族に、また譲る予定である人にも、伝えておくべきでしょう。

遺言には、本文以外に思いなどを書くことができる「付言」がありますが、お勧めしたいのは、遺言とは別に自筆の手紙を書くことです。その手紙を、できれば生前に親族に読んでもらい、遺言と一緒に保管します。もし亡くなった後でも、手紙を読むことで遺言の意図や込められた思いを感じることができるでしょう。最近では、本人が語りかける形で動画を残すケースもあります。

遺言を残す気持ちを、きちんと伝えることが重要です。

ご近所さんがウチの土地を買ってくれることに

仲介業者を通さずに直接売買できますか

できますが、あまりお勧めはしません

財産を分けるには現金のほうが都合のいいこともあり、誰も住まなくなった土地などの不動産を売却するケースはよくあります。田舎では、売却される不動産を近所の方が買うということも多いです。たとえばお隣の方との立ち話で「この土地を売ろうと思って……」、「じゃ、私が買います」と話がついていて、仲介業者を介することなく「名義変更の手続きだけして欲しい」とわれわれの事務所に来られることもあります。

不動産の名義の変更自体は、双方の意思が確認できれば難しいことではありません。また仲介手数料は高額なので、仲介業者を通すことなく売買したいというお考えもあるでしょう。

通常、不動産の売買では、土地ならば正確な境界線や水道やガスが通っている場所、あるいは家が建っていれば、付帯設備はどうなっているかなどを調べ、売買契約書や重要事項説明書などが作られます。

書類を整えることなく売買することもできますが、後にそこに何かを建てるとか、他の方に売るという場合には、その不動産について調べ直さなければならない可能性があります。またローンでその不動産を購入するならば、銀行が行う審査の時点で、売買契約書や重要事項説明書が求められます。

買った方が、すべての責任も引き受けるということならばいいのですが、後々問題が起こるリスクは否めません。不動産は大きな買い物ですから、トラブルにならないよう、きちんとした売買手続きをするほうがいいでしょう。

不動産の売買には、仲介業者を通すことをお勧めします。

骨董品や絵画、宝石、日本刀

〝お宝〟を見つけたらどうしたらいいですか

価値がありそうなものは、専門家に評価してもらいましょう

「押入れの奥から桐の箱に入った掛け軸が見つかった」、「蔵の中に代々伝わる骨董品のようなものが入っている」ということがあります。それが価値の低いものであれば、家財道具などと一緒に「家庭用財産」として扱われることになりますが、骨董品、絵画や書、コレクションなどは、専門家でなければ価値を評価できません。

まず価値のありそうなものについては、専門家に見てもらうことをお勧めします。価値が高いとわかれば、売却して現金化することも、美術館や博物館、図書館などの教育機関に「寄贈」することもできます。ただし、何でも寄贈できるわけではありませんから、美術館等の施設、あるいは自治体の教育委員会に相談してみるといいでしょう。

壺や絵画ならいいのですが、「日本刀」が見つかることもあります。日本では、刀剣類の所持は「鉄砲刀剣類所持等取締法」（いわゆる「銃刀法」）で禁止されています。登録されていれば所持することが許されますが、登録がない刀は、相続したり、売却したりすることもできません。

見つかった日本刀が登録されているかどうかわからない場合は、まず警察署に連絡してください。登録の有無を調べてくれますし、登録がなければ登録することが先決です。価値については、専門家に評価してもらいましょう。鞘や柄だけでも、かなりの価値がある場合もあります。

相続したくなければ、価値があれば古美術商などで買い取ってくれる場合もありますし、教育委員会等を通じ、美術館などに寄贈するという道もあります。価値のないものの場合は、警察署で処分のしかたを相談するといいでしょう。

刀はまず登録。登録がなければ、相続も売却もできません。

遺産分割協議書には全員の押印が必要

何も相続しない人にも気持ちよく押印してもらいたいのですが

押印の手間に対して「判押し料」を払う方法があります

複数の相続人がいる相続では、最終的にすべての財産を列挙し、誰がどれだけ相続するかを明記した「遺産分割協議書」を作成し、相続人全員が署名、押印をします。これは、そこに記載された分け方で相続人全員が同意していることを示す重要な書類で、何も相続しない人も署名、押印が必要です。

押印は実印でなければならず、また印鑑登録証明書も必要です。何も相続しない人に、手間や手数料など一定の負担をかけてしまうことに対して、社会通念上のお礼として支払うのが「判押し料」と呼ばれるものです（「はんこ代」と言われることもあります）。

判押し料は、法律で定められているものではなく、金額の相場もルールも特にありません。相続財産の総額が１０００万円と1億円では重みが10倍違いますし、あまり高額では遺産分割と同じになってしまうので、一般的には、財産の額や相続人の人数、間柄、判押し料を支払う人の財力などを加味して話し合い、数万円から数十万円程度になることが多いようです。もちろん、判押し料なしというケースもありますし、「これだけお支払いするので、はんこを押してください」とお願いするようなケースもあります。
ただ、判押し料を支払うのであれば、全員一律の金額にしたほうがいいでしょう。金額に差をつけると、後々どこかから耳に入ることもあり、トラブルの原因になるからです。

判押し料にルールはありませんが、全員一律がお勧めです。

数百円の昔の借金がある?!

古い抵当権が残っているのですが、まだ借金しているのでしょうか

完済したのに抵当権抹消登記をしていない可能性が高いです

抵当権とは、お金を借りた人が返済できない場合に備えて、貸した人が不動産などを担保する権利のことです。相続の手続きをするにあたって不動産登記簿謄本（不動産登記事項証明書）を見てみると、不動産に抵当権が設定されていて、数百円の借金が残っていた……というような話は、田舎では珍しくありません。数十円、数銭円という場合もあります。しかし督促も来ていないのなら、返済は終わっているはずです。

抵当権は、返済が終わっても勝手には消えることはなく、抵当権を消す「抵当権抹消登記」の手続きが必要です。今は金融機関から抵当権抹消登記に必要な書類が送られてくるので、忘れることはほとんどありませんが、昔は忘れてしまうことも多かったのだ

と思います。

抵当権を消すには、借金を完済しているという証拠が必要ですが、昔の借金だと証拠もない場合があります。そういうときによく使われるのは「供託」という方法です。便宜上完済したことにするために、供託所に数千円程度のお金を支払い、供託証明書を発行してもらいます。これが完済の証明となるので、抵当権抹消登記の手続きをすることができます。

昭和40年代の住宅ローンなど、借りた金融機関がわかっている場合は、その窓口で必要書類を用意してもらうことができます。ただ度々の合併を経ているので、現在どこの金融機関なのかをたどる必要があります。

抵当権抹消登記に期限はありませんが、不動産の売却などは、抵当権が残っているとできません。完済しているのであれば、この機会に抹消しておくことをお勧めします。


完済した抵当権は抹消の手続きを忘れずに。

父が亡くなって不動産の名義を調べたら

曽祖父名義の土地が。このまま相続できるでしょうか

今からでも、名義変更をすることができます

田舎では、不動産がとうの昔に亡くなったひいおじいさん名義のまま、変更されていなかった……というようなことが時々あります。特に、道路の一部として提供している土地や墓地など、固定資産税がかからず、普段意識しないような土地の場合が多いです。中には、自宅の名義変更すらされていないケースもあります。先祖からずっとそこに住み続けていれば、おそらく名義など気にしたことはないでしょうし、何も困らないからでしょう。

そもそも昔は、相続が起こったからといって財産を調べる習慣はなかったと思います。実際、調査をしていたら、すぐに気がついたであろう不動産の名義変更が行われて

いないことはよくあります。

　その背景として、家督相続も影響しているのかもしれません。戦前の民法では、すべての財産は長男などの家長が相続することになっていました。これを家督相続と言いますが、戦後もしばらくは、習慣として色濃く残っていたと考えられます。

　ではこの例のように、何世代も前の名義の土地はどうすればいいのか。土地はなくなりませんので、いつかどこかで相続するときが来ます。また、放置していて手続きが簡単になることはほとんどありません。ですので、基本的には誰かが相続すべきです。ただ名義変更の手続きには、曾祖父から今回の相続人の関係がわかる戸籍と、曾祖父↓祖父↓父までの遺産分割協議書をそろえる必要があるため、曾祖父の代に戻って相続をし直すことになります。

　今は平等な相続の世界で、家督相続の習慣は通用しなくなっています。面倒だと思うかもしれませんが、現在の制度に則って名義変更を行うべきでしょう。

代々の名義変更をして、相続しましょう。

固定資産税は納めていますが

亡くなった父が建てた家、登記されていませんが相続できますか

相続するには、登記をする必要があります

未登記の不動産の多くは、建物です。今は建物を建てると、ほとんどの場合ローンを組みますから、建物を担保にするために必ず登記しています。しかし、昔はお金を貯めて現金で建てることが多かったので、登記していないことが意外と多いのです。現在でも、現金で家を建てて、登記を忘れている方もいます。

固定資産税を納めていることと、登記は、実は関係ありません。固定資産税は「賦課課税方式」といい、自治体側で算出した金額を通知してくる税金のため、納税者が申告することなく自動的に納税通知が届いているのです。「固定資産税の通知が来ているから登記されている」と思っている方も多いのですが、それは間違いです。

法律上は、建物を建てたら登記しなければなりませんが、実生活には影響がないため忘れていることもあります。ただ登記していなければ権利書もないので、「この家が誰のものか」を証明する手段がまったくないことになります。そもそも誰のものかわからないものを、相続したり、売買したりすることはできないのです。

相続するには、まずその家を建てた人から始めなければなりません。それには何らかの方法で「確かにその人の家である」ことを証明しなければなりません。「亡くなった父が建てた家」ならば、証明できるものも比較的簡単に入手できると思いますが、先代、先々代と古くなればなるほど、手間も、費用もかかります。気がついたらなるべく早く登記するべきです。

登記は義務であり、持ち主の証明です。すぐに登記しましょう。

墓地も土地？不動産？

墓地はどのように相続すればいいでしょう

墓地は一人の祭祀継承者が引き継ぐもの。相続財産ではありません

墓地にはいろいろなパターンがあります。お寺の敷地内にあり、お寺が運営しているもの（寺院墓地）、地方自治体が運営しているもの（公営墓地）、宗教法人、公益法人など民間が運営しているもの（民営墓地）が一般的でしょう。

一般に「墓地を購入する」といいますが、寺院・公営・民営墓地の場合は、墓地の「使用権」を、「永代使用料」を支払って購入しています。土地自体は借りていることになりますから、「墓地の名義人」とは、墓地の使用権を持っている人を指します。

また墓地や墓石、仏壇、仏具など祭祀に関するものは「祭祀財産」と呼ばれ、相続財産ではありません。相続税は発生せず、一人の「祭祀継承者」が引き継ぎ、必要書類を

そろえて墓地・墓石の名義変更を行います。祭祀継承者は、亡くなった人の第一子の場合が多いですが、遺言等で指定することもでき、血縁者以外が引き継ぐケースもあります。

祭祀継承者は、お墓を維持・管理し、法要を行い、墓や遺骨の扱い（分骨、墓じまいなど）を決めたり、墓地の運営者に年間管理費を支払ったり……と、祭祀に関する一切の役割を担います。民営墓地の場合など、使用料に期限が設定されていることもありますので、まず墓地の管理者に問い合わせてみることをお勧めします。

墓地は「借りている」と説明しましたが、田舎の場合には、墓地を所有していることもあります。現在の法律では、私有地を勝手に墓地にすることは認められていませんが、戦前は自分が持ってい

墓地の種類

寺院墓地	お寺の敷地内にあり、お寺が運営しているもの
公営墓地	地方自治体が運営しているもの
民営墓地	宗教法人、公益法人など民間が運営しているもの

る山などの一部を墓地として使用することもあったからです。この場合、土地は相続財産になりますが、墓地であれば固定資産税は発生しません。しかし墓地のある土地は登記の対象となるため、もし登記されていない場合は、相続するために登記が必要です。

また田舎では、自治会等が管理する住民向けの「共同墓地」の場合もあります。土地の所有権等はそれぞれなので、手続き等管理者に確認しましょう。

墓地は「所有権」と「使用権」で対応が異なります。

解 説
コラム

祭祀財産

祭祀財産とは、神や先祖を祀るための財産のことです。民法第897条「祭祀に関する権利の承継」には、祭祀財産として「系譜」、「祭具」、「墳墓」が挙げられています。

系譜とは、先祖代々の繋がりを示したもので、たとえば家系図はこれにあたります。

祭具は祭祀で使用されるもののことで、位牌や仏壇、仏像、神棚などです。

墳墓はお墓のことですが、墓石や墓標、霊屋などのほか、墓地も墳墓に含まれるとされています。

配偶者も子どもも、兄弟もいない

お墓を世話してくれる人がいません

お寺が供養・管理してくれる永代供養墓があります

お墓というと、墓地に墓石があり、子孫が代々供養していくイメージですが、最近は将来お世話をしてくれる人がいないという方も少なくありません。子どもたちはみんな都会など遠方にいるので、迷惑をかけたくないという方もいます。そこでお寺や霊園が供養し、管理してくれる「永代供養墓」が増加しているのです。お墓のスタイルも、納骨堂、合葬墓（多くの人と一緒に葬られる墓）、樹木葬など、いろいろなものが出てきています。

田舎では、どこかのお寺の檀家になっていることが多いと思いますから、永代供養を検討している方は、まずお寺に相談すると良いでしょう。特にどこの檀家でもなく、地方自治体が運営する公営墓地、民間が運営する民営墓地など選択肢がある場合は、お墓のスタイルで選ぶのもいいかもしれません。

永代供養の費用は非常に幅が広く、数10万円の場合もあれば、数100万円の場合もあります。また「永代」とはいうものの、一般には33回忌などを区切りに、他の人たちの遺骨と合葬することがほとんどです。区切り以降も、年単位で更新できるところもあります。

また永代供養の費用以外に年間管理費等が必要な場合もありますし、生前に予約して、費用を前払いできることもあります。スタイル、費用、期間などそれぞれなので、しっかり確認して選ぶようにしましょう。

特にお一人の方は、「自分のことは自分で」とお考えになることが多いですが、亡くなった後の葬儀や埋葬などは自分ではできません。死後の手続きを頼める「死後事務委任契約」を結んでおくと安心です。


永代供養墓は、費用、期間など確認して選びましょう。

相続人である母は認知症で判断ができません。どうしたら…

後見人をつける必要がありますが、課題もあります

田舎では近所に家族や親戚がいることも多く、家族が協力して介護をしているケースがたくさんあります。認知症の方は判断能力が十分でないため、その方の権利や財産を守るために「後見人」をつけることがあり、後見人には、息子など家族がなることも可能です。

「相続人である母は認知症」という場合、遺産分割の話し合い（遺産分割協議）を行うには母親に後見人をつけることになりますが、息子も相続人の一人で利益が対立してしまうため、第三者、一般的には専門家が後見人として選任されることがあります。

すでに息子が後見人になっていた場合も、遺産分割協議については、専門家による「特

別代理人」が母親の代理を務めます。

遺産分割協議における後見人や特別代理人の役割は、その人の財産を守ることなので、権利である法定相続分（配偶者は1／2）を主張することになります。もし子どもたちが別の考えを持っており、客観的にも子どもたちの考えが妥当だしても、後見人や特別代理人は権利を主張するので、協議はなかなか進みません。

また後見人等がついてしまうと、その人が亡くなるまで財産を守り続けることになるため、生前贈与もできないなど、制約を受けるという課題もあります。

解説コラム

後見人になれない人は？

息子など家族がなることもできる後見人ですが、以下に当てはまる方はなることができません。

①未成年者、②家庭裁判所で免ぜられた法定代理人、保佐人または補助人、③破産者、④行方の知れない者、⑤本人に対して訴訟をし、またはした者、およびその配偶者並びに直系血族、⑥不正な行為、著しい不行跡その他任意後見人の任務に適しない事由がある者

一方、遺産分割協議をすることなく法定相続分で分ける場合は、後見人や特別代理人は必要ありません。しかし、田舎では財産のほとんどが農地などの土地である場合も多く、法定相続分での分割は難しいでしょう。それだけではなく、亡くなった方の銀行口座を解約するにも、遺産分割協議書への署名・押印が必要ですから、協議を避け、後見人や特別代理人なしに遺産を分割することは、実際にはなかなか難しいのです。

すでに相続が開始されている場合は、後見人をつけるしかありませんが、できれば相続が発生してから慌て

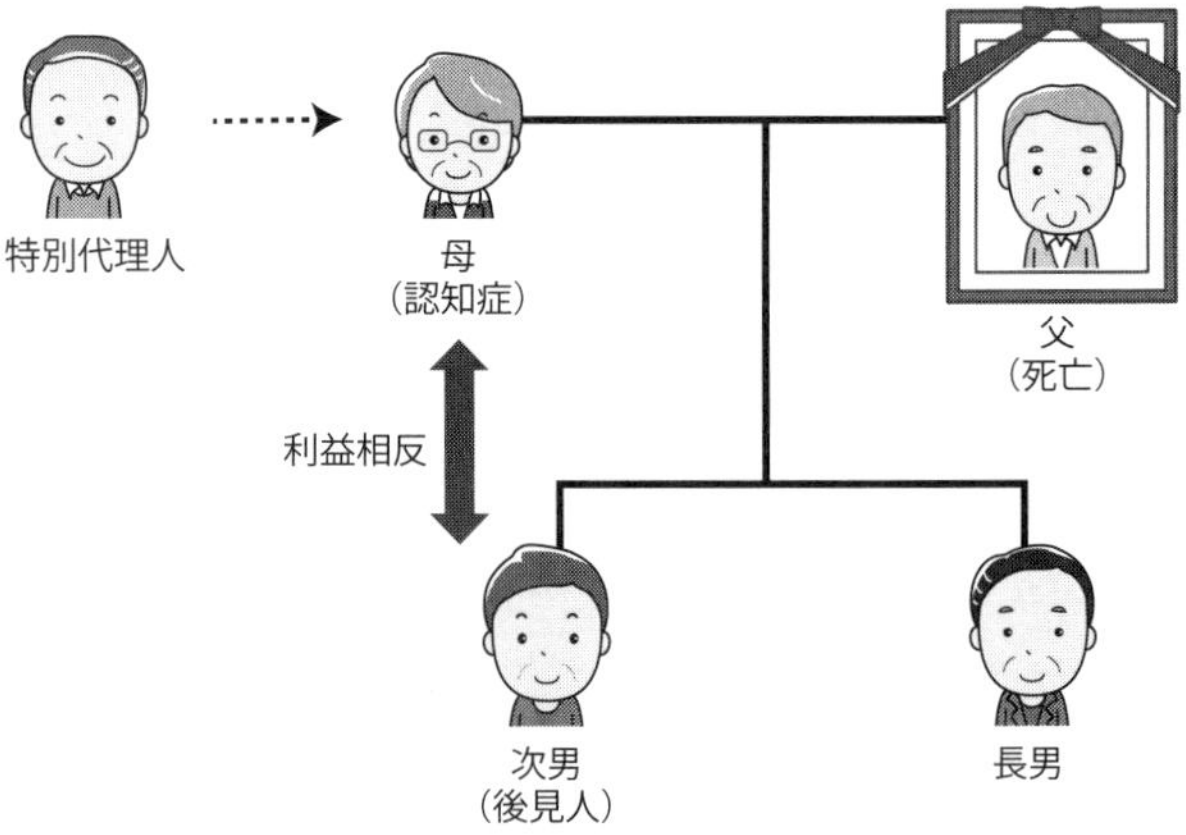

るのではなく、遺言や生前贈与など事前にできる対策をとっておくことをお勧めします。ただ、この分野は、私たち専門家にとっても非常に難しい部類に入ります。ご自身で判断するだけでなく、多くの経験を積んだ専門家にも相談するといいでしょう。

できれば生前贈与や遺言など、事前の対策がお勧めです。

私は申告が必要？不要？

相続税の申告はどういうときに必要なのですか

相続財産が基礎控除額を超える場合に、申告が必要です

相続税には基礎控除があります。基礎控除額は「3000万円＋法定相続人の数×600万円」です。課税対象となる相続財産（プラスの財産の合計－マイナスの財産の合計）が、基礎控除額以下ならば、原則として相続税の申告は不要です。

たとえば、法定相続人が3人の場合は「3000万円＋3人×600万円」なので、基礎控除額は4800万円です。相続財産の総額が4800万円以下ならば申告は不要ですが、4800万円を超えると申告しなければなりません。

しかし、何らかの特例（一定の要件を満たすと、税負担を軽減してくれる措置）を適用することで基礎控除額以下になる場合は、「私はこの特例を使います」ということを

税務署に申告する必要があります。申告しなければ、税務署には特例を使うのかどうかわかりませんから、「基礎控除額を超えているのに申告していない」と指摘されてしまう可能性があります。

申告が必要な代表的な特例は、下の表の３つです。他にも申告が必要な特例等がありますから、専門家に相談するなどして、申告漏れにならないように注意しましょう。また申告の期限は、相続の開始（亡くなった日）から10か月以内なので、遅れないようにしてください。遅れると特例の適用を受けられません。

配偶者の税額の軽減（配偶者控除）	配偶者は１億6000万円まで非課税
小規模宅地等の特例	同居などの場合に、土地の評価額を減額
農地の納税猶予の特例	農地を相続した場合に、相続税の納付を先送り

特例を使う場合は、期限内に申告することを忘れないように。

相続税率55％ってホントですか?!

相続税額がどのくらいになるか、ザックリ計算したいのですが

手に入れやすい資料である程度の概算は可能です

相続税額を知るには、まず相続財産の評価額を知る必要があります。相続財産のうちプラスの財産には、不動産、現金や預貯金、有価証券、生命保険、貴金属、芸術品、自動車などがありますが、これらの相続財産評価額は意外と手元の資料で把握することができます。

たとえば、家の相続財産の評価額は、固定資産税課税明細書に記載されている評価額と同じです（土地の相続財産評価額の計算方法は次の項で紹介します）。預貯金は預金残高、株も取引明細等でわかります。亡くなった人にかけられた生命保険は、亡くなった人自身が保険料を支払い、相続人が受取人である場合は、受け取る保険金は相続財産

◇◇◇◇◇◇◇◇◇◇◇◇◇◇◇◇◇◇◇◇◇◇◇◇◇◇◇◇◇◇◇ 相続税の計算方法 ◇◇◇◇◇◇◇◇◇◇◇◇◇◇◇◇◇◇◇◇◇◇◇◇◇◇◇◇◇◇◇

例）父が亡くなり、相続財産 8,000 万円を、母、長男、長女とで相続することになった

答）①基礎控除分を計算する。
4,800 万円（3,000 ＋ 600 × 3〈相続人の人数〉）

②基礎控除後の財産を計算する。
3,200 万円（8,000 - 4,800）

③基礎控除後の財産を法定相続割合
（母 1/2、長男 1/4、長女 1/4 ）で按分する。
母＝ 3,200 × 1/2 ＝ 1,600 万円
長男＝ 3,200 × 1/4 ＝ 800 万円
長女＝ 3,200 × 1/4 ＝ 800 万円

④それぞれに税率をかけ、合計する。
母＝ 1,600 × 15%－ 50 ＝ 190 万円
長男＝ 800 × 10%＝ 80 万円
長女＝ 800 × 10%＝ 80 万円
合計　**350 万円**　←　**この金額をそれぞれが相続する財産の割合で按分する！**

法定相続分に応ずる取得金額	税率	控除額
1,000 万円以下	10%	－
3,000 万円以下	15%	50 万円
5,000 万円以下	20%	200 万円
1 億円以下	30%	700 万円
2 億円以下	40%	1,700 万円
3 億円以下	45%	2,700 万円
6 億円以下	50%	4,200 万円
6 億円超	55%	7,200 万円

です。貴金属や芸術品など、価値が下がらないとされているものは、買った時点の価格が評価額と考えて良いでしょう。見落としがちですが、亡くなる直前に口座からおろした現金、保険で契約していた入院給付金、亡くなる前3年間に行われた贈与財産も相続税の対象となります。

これらプラスの財産の総額から、住宅ローンなどの借金や保証債務などのマイナス財産と、基礎控除額（3000万円＋法定相続人の人数×600万円）を差し引いた金額が相続税の対象です。光熱費や新聞、電話の通信料、クレジットカードの支払い、後日請求される入院費用など、未払金もマイナスの財産に含まれます。

次に相続税額の計算です。最高税率55％という数字を聞いて「相続財産の半分を持って行かれる！」と思っている方も多いですが、それは間違いです。そもそも55％は、法定相続分で分割した結果、一人の相続額が6億円を超えるようなケースの話です。逆に最低税率は10％ですし、前ページのような計算によって税額は決まるので、実際の税負担率は意外と低くなります。前ページの例ならば、3人の相続人が納める相続税額350万円は、相続財産8000万円の約4・4％です。

相続財産の評価、相続税の申告は、複雑と言わざるを得ません。間違いを避けるためにも、最終的には専門家に依頼するほうが安全でしょう。

実際の税負担率は意外と低くなります。

固定資産税課税明細書の評価額は、相続財産の評価額と同額ですか

同額ではありません

不動産の相続財産の評価額の計算方法には、いくつかの方式があります。

まず家の場合は、課税明細書に記載された価格が、そのまま相続財産の評価額になります。

土地の場合は、「路線価方式」と「倍率方式」という計算方法があり、それぞれの土地ごとにどちらを使うかが決められています。

路線価方式とは、その土地が面している路線（道路）ごとに㎡単価が決められている方式です。宅地を想定したもので、主に都市部に多く見られます。たとえば100㎡の土地で、1㎡あたり10万円ならば「100×10万円＝1000万円」が相続財産評価額

です。ただし道路に直接面していない奥まった土地（無道路地）の場合は、評価額が低くなります。

　農地などが多い田舎では、倍率方式のほうが一般的でしょう。倍率方式は、固定資産税の評価額に一定の倍率を掛けて計算します。倍率が10倍、20倍と高い場合が多いのですが、固定資産税の評価額が非常に低く設定されているためです。固定資産税と相続税とは、評価額の考え方が異なるので注意してください。

　評価額を知りたい土地が、路線価方式か倍率方式かは、国税庁のホームページに掲載されている「路線価図」から調べることができます。地図上の道路に数字（路線価）が書かれていれば路線価方式で、路線価のないところは倍率方式です。倍率を調べるには、やはり国税庁のホームページで「評価倍率表」の「一般の土地等用」を見るとわかります。

路線価図の例

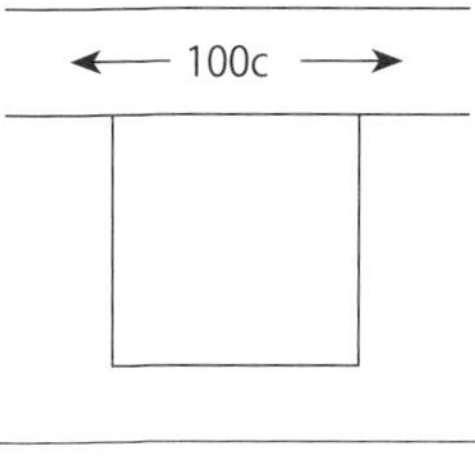

一面を道路に接した土地の図。100とあるのは、1㎡単価が100（千円）、つまり100,000円であるという意味。

計算方式、倍率から、不動産の相続財産評価額を計算できます。

売ろうにも売れない、価値のなさそうな土地

買い手もない農地や空き地の評価額は「ゼロ円」と考えていいですか

基本的にすべての土地に相続財産評価額はあります

墓地などの例外を除き、空き地も、使っていない農地も、山林も、すべての土地は基本的には相続財産で、相続財産評価額がつきます。

しかし、価値があるとは思えない土地も確かにあります。たとえば「使わない農地を売りたいけれど、他の用途に変えることが難しいので、農地として売るしかない。でも農地を売るには制約があって、なかなか売れない」、「使っていない空き地を売ろうとしたら、市場価格がものすごく安い」……だから「評価額はゼロ円」と考えたくなりますが、そういうわけにはいかないのです。

一般に農地の相続財産評価額の算定は、前項で紹介したとおり倍率方式であることが

多く、固定資産税の評価額に一定の倍率を掛けて算出します。

　では農地でも、宅地でもなく、ただ草が生えているまま放置されているような場所や、山や林はどうなるでしょう。山や林は「山林」、ただ草が生えているだけの場所にも「原野」という地目（土地の用途の区分）があります。市場価値がどんなに低い土地でも、何らかの倍率が設定されていることがほとんどで、相続財産の評価額がつきます。

　どの地目にも属さない土地は「雑種地」といいます。雑種地についても倍率が決められている都道府県もありますが、決められていない場合は近くの土地の価格をベースに、補正等を加えて算出します。繰り返しますが、評価額がゼロ円ということは、原則ありません。

市場価値がない土地でも相続財産としての価値はあります。

住宅の間に田畑が点在しています

住宅地にある田畑の評価額は、宅地と同じなのですか

同じ場所でも農地は宅地の評価額より低くなります

住宅地の家々の間に、畑や田んぼがあるというケースもあります。そういう市街地にある農地を「市街地農地」といいます。厳密には基準がありますが、おおむね「市街地の中にある農地」と考えておけば良いでしょう。

市街地にある土地は、相続財産評価額の計算方法として、宅地を想定している路線価方式が設定されています。農地も路線価方式で計算すると評価額が高くなってしまうので、調整する計算方式が用意されています（宅地比準方式）。

まずその土地を宅地と見立てて路線価方式で評価額を計算します。その値から、その農地を宅地にするためにかかる工事費用（造成費）を差し引いたものが、市街地農地の

相続財産評価額です。

造成費は、整地、土盛りなど、工事内容ごとに㎡単価が決められているので、その農地の宅地化に必要な工事費用を積み上げていくことになります。実際に造成費を計算するには、測量など現地調査を行う必要があるので、専門家の助けがいるでしょう。

市街地農地と似ているものに「市街地周辺農地」というものがあります。これは市街地の中ではなく、市街地に近接する農地です。市街地周辺農地の場合は、先に紹介した市街地農地と同様の計算を行い、その結果に80％を掛けて相続財産評価額を算出します。

ここまで農地の話をしてきましたが、同様に、市街地山林、市街地原野、市街地周辺山林、市街地周辺原野もあります。これらについても、農地と同様の方法で相続財産評価額を計算します。


計算式は決まっていますが、現地の測量などが必要です。

農地を相続すると、相続税が不安です

農地には、相続税の納税猶予の特例があります

「相続税の納税猶予」とは、「相続税が支払えないから農地を手放す」などということを防ぎ、農家の後継者が農業を続けていけるように、相続税の納付を先送りする制度です。

納税猶予の特例を利用するには、亡くなった人にも、相続人にも要件があります。おおまかに説明すると、亡くなった人が農業を営んでいたこと、相続人が農業を続けていくことを条件に、農業を続けている限り猶予を受け続けることができるのです。ただし3年ごとに必要書類を揃えて、農業を継続していることを報告する義務があります。報告しなかったり、農業を辞めてしまった場合は、猶予されていた相続税を収めることに

なります。

納税猶予の特例を受けるには、相続人は、相続税の申告期限（相続の開始から10か月以内）までに農業経営を開始し、同時に申告を済ませる必要があります。そのために、複数の相続人がいる場合は、遺産分割協議を終えて、誰が農地を引き継いで農業を営んでいくかが決まっていなければなりません。また申告に必要な書類を揃えたり、証明書を取得したりするにも時間が必要で、申告準備は半年ぐらいかかると考えておくべきでしょう。ですから納税猶予の特例の利用を考える場合は、できるだけ早く準備を始めるべきです。申告期限の2か月前ぐらいに相談に来られる方もおられますが、それでは間に合いません。

農地の相続税の納税猶予は、評価額が高額になる場合にはとてもありがたい制度です。一方で申告手続きや報告義務など、手間がかかる面もあり、あまり大きくない農地や評価額の低い農地などの場合は、利用しないほうがいいという判断もあり得ると思います。

特例を使うなら、申告準備には早く着手しましょう。

親と同居していた家の土地を相続します

土地の相続税負担が大きいのですが、救済措置はありますか

同居の親族などは、小規模宅地等の特例が使える可能性があります

亡くなった人の家は、一緒に住んでいた配偶者や家族にとっても生活の基盤です。相続税を納めるために相続人の生活基盤が揺らぐようなことを防ぐために、自宅の土地などの評価額を減額するのが「小規模宅地等の特例」です。

小規模宅地等の特例に当てはまる土地は、亡くなった人の家が建っている宅地、亡くなった人が事業（個人商店など）に使ってきた土地、亡くなった人が不動産貸付業（賃貸アパートなど）に使ってきた土地です。この特例によって減額される割合は、宅地の場合は80％（330㎡まで）、事業用の土地の場合は80％（400㎡まで）、貸付事業用の土地の場合は50％（200㎡まで）と、かなり大きな減額率です。

この特例を利用するには、一定の要件があります。細かい要件は省略しておおまかに説明すると、宅地ならば、配偶者、同居していた親族が相続する場合は特例が適用されます。また別居していても、家を持っていない（賃貸で暮らしている）親族が相続する場合は、特例が適用される可能性があります（これを「家なき子特例」といいます）。

事業用の土地の場合は、その人が亡くなった日の3年より前から事業を営んできた土地で、相続人が相続税の申告期限まで事業を継承していれば適用される可能性があります。田舎ならば、個人でやっている食料品店や電気屋さん、養鶏場や養豚場などを、息子が継いでいくようなイメージです。貸付事業用の土地も同様です。

この特例の適用を受けるには、期限内に申告しなければなりませんが、デメリットはありません。

小規模宅地等の特例はメリットが大きい制度です。使える場合は必ず活用しましょう。

親の家の脇に息子が家を建てました

親の土地に息子の家があるとき、土地の評価額はどうなるのですか

賃料の有無によって評価の仕方が異なります

広い敷地（宅地）に親が建てた家があり、同じ敷地の空いている場所に息子夫婦が家を建てて住んでいる……というのは、田舎ではよくある例です。

もし息子の家が建っている土地について、親が賃料をもらっていたならば「貸宅地（かしたくち）」となります。個別のケースはいろいろありますが、一般的には、息子使用分の宅地の評価額から、借地権の評価額を差し引いたものがその宅地の評価額です。借地権というのは、土地を借りる権利のことで、借地権の評価額は、その宅地の評価額に借地権割合を掛けたものです。借地権割合は土地ごとに決められていて、国税庁のホームページにある路線価図や評価倍率表に掲載されています。

しかし実際は、親が息子から土地の賃料を徴収しているということは、少ないでしょう。賃料をもらわずに貸していることを「使用貸借」といいます。使用貸借をしている土地を相続する場合は、貸宅地としてではなく通常の宅地として評価されます。もし親の家と息子の家が一続きの土地に建っているならば、一体の土地として扱われます。

もう一つ考えられるのは、息子に土地を譲っている場合です。もし無償で譲っていた場合は、その土地の評価額から贈与税の基礎控除（１１０万円）を差し引いた残りに贈与税がかかります。一般的な市場価格より安く譲っていた場合も、差額に対して贈与税がかかります。

賃料「なし」ならば、貸宅地ではなく通常の宅地として評価されます。

相続財産はほぼ不動産だけ

土地や家だけの財産を分割するにはどうしたらいいでしょう

現物、換価、代償の3つの方法があります

「家と土地はあるけれど、現金や預貯金はほとんどない」というのは、田舎では多いケースです。相続人が複数いる場合は、どのように相続するか悩むことも多いと思いますが、いくつかの方法があります。

1つは「現物分割」という方法です。たとえば相続人が2人なら、1人は家と宅地、もう1人は別の場所にある農地、というように分け合うことです。非常にシンプルな方法ですが、分け合ったものの価値や扱いやすさなどで、不公平感が出る可能性もあります。

2つ目の方法は「換価分割」です。空き家とその土地、使わない農地などを売却して

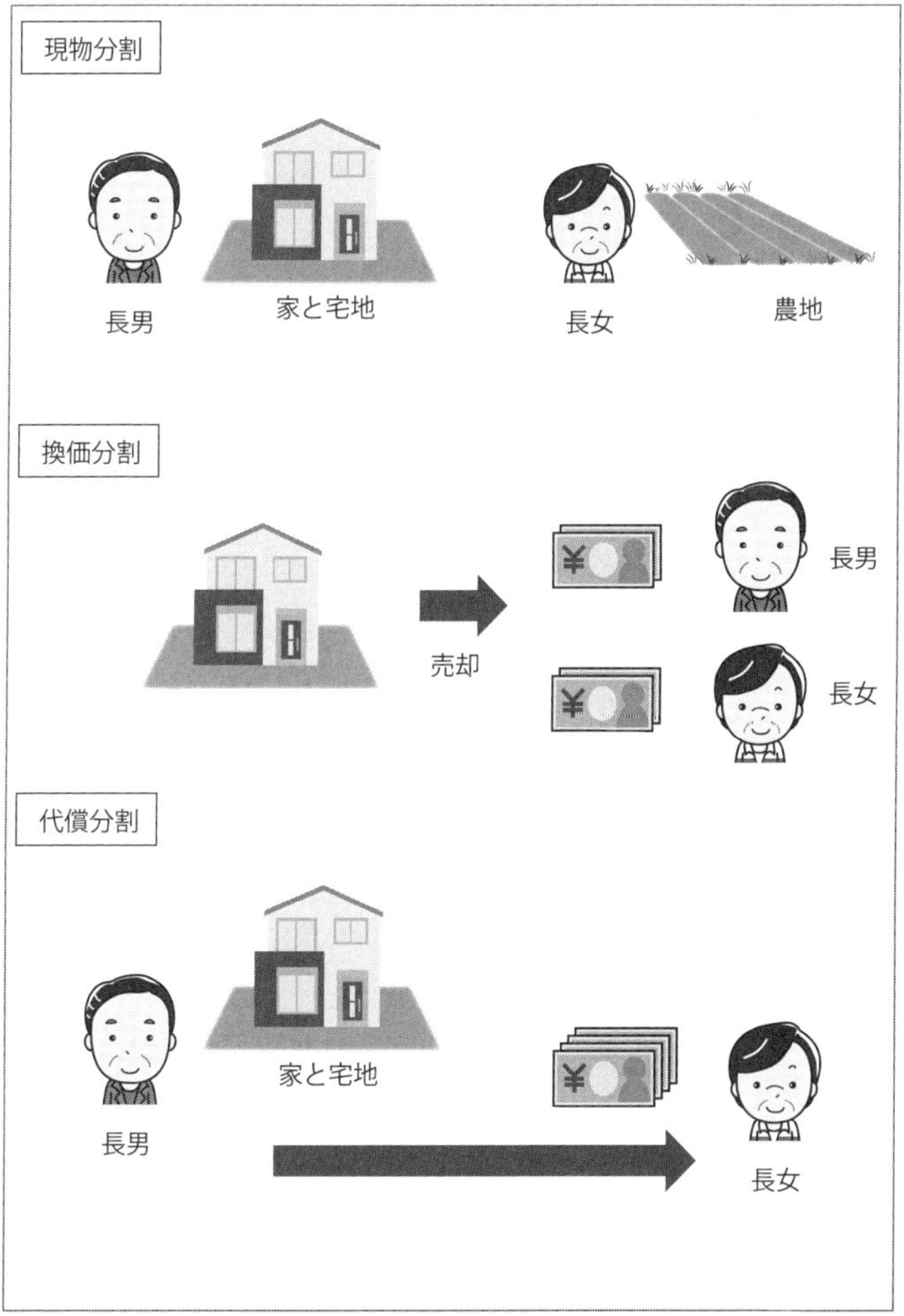
現物分割
長男
家と宅地
長女
農地
換価分割
売却
長男
長女
代償分割
長男
家と宅地
長女

お金に換えて分ける方法です。現金ならば公平に分けやすいですし、後の扱いにも困ることはないでしょう。ただ、家や宅地はそこに住んでいる人がいれば、簡単に売るわけにはいきません。また農地はそもそも売却にいくつもの制約があります。売ることができればいいですが、実際は難しいかもしれません。

3つ目の方法は「代償分割」です。不動産を引き継ぐ人が、他の相続人に代わりにお金（代償金）を支払う方法です。「家や土地を売るわけにはいかない」、「家業を引き継ぐ1人が、事業で使用している不動産を相続する」などの場合によく使われます。ただし代償金を支払う人は、現金や預貯金の相続がなければ自分の財産から払うことになるので、負担が大きくなる可能性があります。生前であれば、生命保険の受取人を、不動産を相続する人以外にしておくことで、代償金相当を補完するといったこともできるでしょう。

財産が家や土地だけの場合、どの方法が適切かは状況によります。またいずれの方法でも、遺産分割協議書を作成し、相続人全員が同意したという記録を残す必要があります。

特に代償分割の場合は現金を渡すため、遺産分割協議書に「代償金として支払う」ことを明記しておかないと、贈与と見なされ、贈与税を課せられることもありますので注意しましょう。

財産や相続人の状況によってベストな方法は異なります。

空き家や田んぼの相続で話し合いが難航

申告期限までに遺産分割が決まらないときはどうしたらいいですか

一旦、法定相続分で分割して、期限内に申告すべきです

田舎では、相続財産に空き家になってしまう家や田畑が含まれていることはよくあります。相続すべき子どもたちはそれぞれ別の場所に生活拠点を持っていたり、農業を引き継ぐ人がいなかったりと、相続の話し合いがなかなかまとまらないまま、申告期限が来てしまうことも珍しくありません。

相続税の申告書提出、相続税納付の期限は、原則として1日たりとも延長してもらうことはできません。もし期限に遅れると、まず追徴課税を課せられます。また、農地の納税猶予、配偶者控除、小規模宅地の特例など、特例も使うことができません。これらの特例の適用を受けるには、遺産分割協議書の提出が必要ですが、遺産分割の話し合い

がまとまっていないので、協議書の提出もできないからです。

「このままでは申告期限に間に合わない」という状況のときは、どうしたらいいでしょうか。とにかく期限内に申告しなければなりませんから、まず「仮に法定相続分で分割した」ものとして、一旦申告を行い、相続税を納付します。ただこのときは遺産分割協議書を提出できませんので、このままでは特例は使えません。そこで「申告期限後3年以内の分割見込書」という書面を添付します。3年以内にきちんと遺産分割を行い、遺産分割協議書を付けて改めて申告をすることで、特例の適用も受けられるようになります。

期限に間に合わない際の対処を紹介しましたが、間に合わせたほうがいいのは間違いありません。遺産分割協議が難航すると弁護士を立てることもありますが、費用がかさみますし、感情的にも望ましいとはいえません。相続の話し合いは、互いを思いやり、期限内に申告できるよう家族で協力したいものです。

家族で協力して、期限内の申告を目指しましょう。

控除される葬儀費用には、初七日、四十九日も含まれますか

法要は含まれませんが、四十九日の納骨は含まれます

葬儀に関する費用は、債務として相続財産から差し引くことができます。しかし、葬儀費用とはどこまでの範囲を指すのかは難しいところです。一般的に含まれるとされているものは、通夜、告別式、火葬、埋葬や納骨、遺体や遺骨の回送、お寺等へのお布施、読経料や戒名料、参列者への会葬御礼、通夜や告別式の飲食、受付など手伝ってくれた方への心付けといったところです。

葬儀費用に含まれないものは、初七日や四十九日などの法要、位牌、墓地、墓石、香典返しなどです。ただし、一般的に四十九日に行われる納骨は、葬儀費用と認められています。

近年は、告別式と一緒に初七日法要を済ませることが多くなっています。葬儀会社等に告別式と初七日の費用を分けて支払う、あるいは明細書に分けて記載されている場合には、初七日分の費用は除くべきです。しかしお寺への支払いなど、まとめられている場合は、実質的に区別することは難しいと思われます。

葬儀費用と認められているもののなかには、お布施や心付けなど、領収書のないものもあります。これらは領収書がなくても葬儀費用に含めることは可能です。支払った日付、相手、金額といった記録を残しておきましょう。

葬儀のあり方は多様化してきていますし、宗教によって儀式のスタイルも異なります。どこまで葬儀費用になるのか迷うことも多くなっていますが、後から指摘されないよう、専門家に相談するなどして確認しましょう。

葬儀費用に関する判断は難しい場合があります。専門家に相談しましょう。

葬儀費用に含まれるもの	通夜、告別式、火葬、埋葬や納骨、遺体や遺骨の回送、お寺等へのお布施、読経料や戒名料、参列者への会葬御礼、通夜や告別式の飲食、受付など手伝ってくれた方への心付け　など
葬儀費用に含まれないもの	初七日や四十九日などの法要、位牌、墓地、墓石、香典返し　など

亡くなった父が私名義で預金してくれていた

存在を知らなかった私名義の口座は、私のものでしょうか

口座の存在を知らなかった場合は、相続財産に含まれます

親が子どものために、子ども名義の銀行口座を作り、お金を積み立てていた……ということはよくありますが、これが「名義預金」と見なされることもよくあります。これは税務署が最も指摘する論点です。

名義預金とは、口座の名義と実際口座を持っている人が異なる預金のことです。名義預金と見なされるかどうかのポイントは、名義人がその口座の存在を知っていて、管理していたかどうか、また預金されたお金は誰が生み出したものかということです。名義人が口座の存在を知らず、名義人ではない人のお金が預金されていたならば名義預金、つまり預金した人の財産となります。

「存在を知らなかった私名義の口座」についてですが、預金していたのが父親で、「私」は口座の存在を知らなかったので、名義預金と見なされるでしょう。父親が亡くなったことで、口座にある預金すべてが相続財産となり、遺産分割の対象になります。

もし「私」が口座を管理していたとしても、預金されていたお金の出処は父親ですから、贈与として認められるかどうかがポイントになります。贈与は、当事者に「贈与した」「贈与された」という認識があるだけでなく、客観的な証拠が必要です。贈与の証拠として最も確実な方法は「贈与契約書」を取り交わすことです。

名義預金として相続財産になってしまうと、遺産分割によってその子にお金が渡らない可能

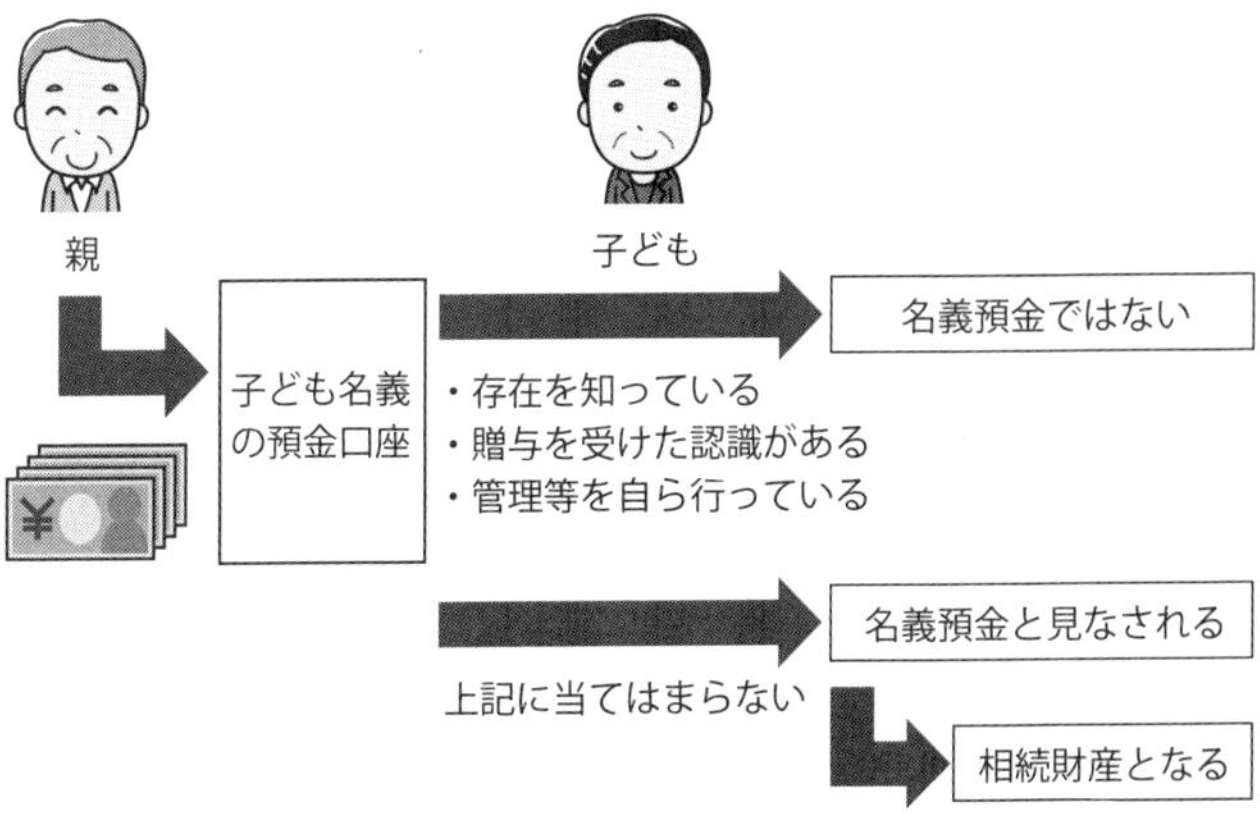

性もあります。その子に確実に渡すためには、110万円の贈与税の非課税枠を使い、贈与契約書等を残しながら贈与するのが、最善策と言えるでしょう。

専業主婦など、収入のない配偶者名義の預金残高が、常識では考えられないほど増加しているような場合も、名義預金として指摘されることがあります。生活費を切り詰めて蓄えたへそくりが相続財産と指摘される可能性もゼロではありませんので、あまりに多額のへそくりがある場合は十分に注意しましょう。

贈与である明確な証拠を残すことが重要。贈与契約書の作成をお勧めします。

贈与契約書書式例

贈与契約書

山田太郎（以下「甲」という。）と、川原花子（以下「乙」という。）は、以下の通り贈与契約を締結した。

第１条　甲は、乙に対し、現金○○万円を贈与することを約し、乙はこれを承諾した。

第２条　甲は、前条の贈与金を、令和○年○月○日までに、乙が別途指定する銀行口座に振り込んで支払うものとする。その振り込みに要する費用は甲の負担とする。

以上を証するため、甲及び乙は、本書を２部作成し、記名、押印のうえ、各１部を保有する。

令和○○年○○月○○日
甲　○○県○○区○○町一丁目12番3号
山田　太郎　㊞
乙　○○県○○区○○町二丁目34番5号
川原　花子　㊞

娘名義の口座に10年前まで積み立てたお金

10年前の贈与なら、贈与税は時効ですよね

贈与税の時効が認められることは、ほとんどありません

贈与税は贈与の申告期限から6年（故意に隠していた場合は7年）で時効になります。贈与は、前項でも触れたとおり「贈与する人（贈与者）と、受け取る人（受贈者）の認識が一致していて初めて成立する」ので、受け取る人が贈与されたと認識し、その申告期限を起点に時効へのカウントダウンが始まることになります。

しかし、実際には贈与税の時効が認められることは、まずありません。

「10年前まで積み立てた」ということならば、「10年前に贈与した」＝「時効が成立している」と考えたくなるかもしれませんが、娘に「贈与された」という認識がなければ生前贈与は成立しておらず、10年前であっても時効にはなりません。通常、申告が必要

な額の贈与があったことを認識していれば申告するはずですから、「申告をしていない」＝「贈与を認識していない」＝「時効は認定されない」という判断がなされると思われます。生前贈与と認められなければ、前項で説明した「名義預金」とみなされ、親が亡くなることによって相続財産に含まれることになります。

「贈与契約書」等、贈与である証拠を残していれば、生前贈与としては認められますが、そのまま7年間待っていれば時効になる……と思っているならば、それは大きな間違いです。相続等、何らかのきっかけがあれば、税務署の調査が実施されますから、時効前に調査を受ける可能性は大いにあるのです。申告が必要な贈与額でありながら、申告しなかったとなれば、贈与税の申告漏れとして、贈与税と多額の追徴課税が課せられることになります。

時効を期待した贈与はリスクばかり。きちんと制度に則った贈与をすべきです。

相続人だけれど不義理な息子

1円も相続させないことはできますか

相続人の廃除もできますが、非常に困難です

法定相続人に相続させない方法として、最も一般的なのは遺言を書くことでしょう。遺言ならば、自分が引き継いで欲しい人に、財産を譲ることができます。

しかし遺言があったとしても、法定相続人には、最低限の相続財産（遺留分、息子の場合は法定相続分の１／２）を請求する権利が残されています。遺留分の請求がなければ遺言で指定したとおりに財産を引き継ぐことができますが、この不義理な息子が遺留分を請求した場合は「１円もあげない」というわけにはいかないのです。

もう一つの方法として「相続人の廃除」があります。廃除された相続人は、遺留分も含めて一切の相続の権利を失います。相続人を廃除するには、生前に家庭裁判所に申し

立てるか、遺言に廃除する旨を記載し、遺言執行者が亡くなった人に代わって申し立てるかのどちらかです。

相続人の廃除を認めるかどうかは、家庭裁判所が判断することになりますが、その判断は非常に慎重です。その相続人が虐待した証拠があるとか、重大な罪を犯して刑務所に入っているなど、不適格である証拠を積み上げることが必要で、実際に廃除が認められることはむしろ稀と言えます。たとえば平成29年には約137万人が亡くなっていますが、廃除が認められた例は228件しかありません。

やはり現実的なのは、遺言でしょう。遺留分があるとはいえ、遺言を書くことで少なくとも本来の法定相続分を減らすことができますし、相続の手続きを簡略化できるというメリットもあります。遺留分は請求がなければ分ける必要はないので、ゼロ円にできる可能性も残されています。

遺言で受け取る人を指定し、相続分を減らすのが現実的です。

農地の生前贈与や売却はどのようにすればいいですか

可能ですが、農地の権利の移動にはいろいろな制約があります

田舎では、農地を生前贈与したいと考える方もたくさんいます。贈与を受ける側としても、経験豊富な先代がお元気なうちに、農業のイロハを伝授してもらえるなど、いろいろなメリットがあるでしょう。

ただ、農地は食料を供給してくれる大事なものであるため、農地を守ることを目的とした農地法があり、生前贈与、売却、農地以外の用途への変更（農地転用）など、農地の権利を移動するにはいろいろな制約があるのです。

大前提として、農地の贈与や売却などを行うには、各市区町村に設置されている「農業委員会」の許可が必要です。許可がなければ、たとえば生前贈与をしたくても名義変

更はできません。

　農業委員会の許可が必要ない例外もあります。例外の一つが、持ち主が亡くなったことによる相続です。ただし、農地を相続したことは、やはり農業委員会に届け出なければなりません。

　農地を売却、生前贈与する許可を受けるには、相手がすでに農業を営み、売買や贈与によって一定程度以上の農地を持ち、その後も一定期間以上、農業を継続することなど、いくつもの条件があります。

　またその農地が、市街化を抑制するための「市街化調整区域」に指定されていることもあります。この場合、農地以外の用途（宅地など）への変更は、ほぼ不可能と考えるべきでしょう。

　こういった制約の一方で、農地を引き継いだ人が農業を続けやすくする制度もあり、生前贈与には贈与税の猶予、死後の相続なら相続税の猶予といった納税猶予措置が用意されています。


農地の扱いは農業委員会の許可がカギです。

解説コラム

一定程度以上の農地面積

　農地の面積は、各市町村によって取り扱いは違います。30a 以上や北海道などの広い場所では 2ha などとなっています。

もしかしたら騙されているのでは

父がやっている株の売買や投資を止める手立てはありますか

財産管理は本人の判断が基本ですが代理人をつけることができます

高齢の方でも「株が趣味」という方は少なくありません。証券会社と電話でやり取りするだけで売買することができますから、1人で出かけることが難しくなっても続けることができます。ただ家族としては、正しい判断ができているのか、あるいは騙されているのではないかと心配になるのも当然です。ご心配なご家族から「株取引を止めることはできないか」とよくご相談いただきます。

基本的に財産は本人の物なので、ご家族でも株取引を勝手に止める権限はありません。しかし代理人をつけて、本人の財産や権利を守ったり、判断をサポートすることは可能です。これを「成年後見制度」といいます。

代理人には、権限の強い方から成年後見人、保佐人、補助人の3種類があります。成年後見人は重度認知症など本人に判断能力がない場合につく代理人、最も権限の弱い補助人は、日常生活には支障がなく、多少判断能力が衰えている場合につく代理人です。

成年後見人をつけるときは本人の同意は不要ですが、保佐人、補助人の場合は本人の同意が必要です。また成年後見人は、本人の同意なく株取引等を止めることができますが、保佐人、補助人は本人の同意なしに勝手に止めることはできません。保佐人、補助人ができることには限界がありますが、こういう代理人がついていること自体が、取引相手への牽制になり、不正などの被害を予防することに繋がります。

	本人の状態	本人の同意	権利の範囲
成年後見人	重度認知症など本人に判断能力がない場合	不要	財産に関するすべての行為
保佐人	日常生活には支障がないが、判断能力が著しく衰えている場合	必要	行為への同意や、同意なく被保佐人（本人）が行った行為の取り消し
補助人	日常生活には支障がなく、多少判断能力が衰えている場合	必要	家庭裁判所が定める特定の行為

成年後見人、保佐人、補助人は、家庭裁判所に申し立てをし、適性などの調査を経て選任されます。一般に、子どもなどの親族か司法書士など専門家が選任されます。成年後見制度は本人が亡くなるか、完全に判断能力を回復するまで終了せず、専門家が後見人、保佐人、補助人に選ばれた場合、報酬として毎月数万円程度の費用がかかり続けます。

高齢者、特に子どもたちが都会に出てしまって、田舎で一人暮らしをしている方は、親しく話をしてくれる人に心を許してしまいます。うまい投資話や高額商品の販売などで騙されてしまう根底には、寂しさがあるのでしょう。大事になる前に、判断をサポートする人をつけることも検討してみましょう。

代理人をつけることは不正や詐欺などの被害予防にも繋がります。

解　説
コラム

法定後見制度と任意後見制度

成年後見制度には、「法定後見制度」と「任意後見制度」があります。

これまで紹介してきた家庭裁判所によって選任される成年後見人、保佐人、補助人は、法律によって代理人を決める「法定後見制度」です。本人の判断能力がなくなった、あるいは衰えてきたことをきっかけに、一般には家族などが家庭裁判所に選任の申し立てをし、選任されるとすぐに代理人としての役割をスタートします。成年後見人、保佐人、補助人によって権限の範囲は異なりますが、一定の同意権（本人が行う行為に対して後見人等が同意する権利）、取消権（本人が行った行為を後見人等が取り消す権利）があります。

これに対し任意後見制度は、将来、判断能力が衰えた場合に備えて、本人と後見人との間で契約（任意後見契約）を結んでおく制度です。後見人の選任も、後見人が代理を務める行為の範囲も、本人の意思で決めることができます。任意後見人が実際に役割をスタートするのは、本人の判断能力が衰え、後見人が家庭裁判所に申し立てをしてからです。法定後見制度で選任される後見人等とは異なり、任意後見人には同意権や取消権はありません。

認知症になったら…と思うと不安

財産を息子に管理してもらうことはできますか

家族に財産を託せる「家族信託」があります

認知症等で判断能力がない方の場合、銀行口座も凍結されてしまい、前項で説明した成年後見人がその人の財産を管理することになります。ただし成年後見人の使命は財産を守ること、つまり現状を維持することなので、基本的には財産を動かすことはできなくなります。たとえば孫の大学入学のお祝いに50万円あげたいと思っても、不動産を売りたいと思っても簡単にはできないのです。しかも専門家が成年後見人になると、報酬を払い続けなければなりません。成年後見人はメリットもありますが、使いにくい面もあるのです。

このような課題に対し、2007年からスタートしたのが、財産を家族に託す、預けることができる「家族信託」という制度です。家族信託を利用するには、託す人（委託者）と託される家族（受託者）の間で、信託契約を結びます。そのため委託者に判断能力があることが前提となり、認知症になる前に手続きをしておく必要があります。

家族信託の契約では、託す人が、財産のうちどれだけを託すか、託した財産に対してどこまで権限を与えるか、いつまで管理してもらうかを指定することができます。たとえば「持っている不動産のうち、自宅以外の土地を託す。貸してもいいが、売ってはいけない」という具合で、現金の場合も同様に指定できます。管理の期間については、託す人が亡くなるまでとするのが一般的です。

託された人は、不動産も現金も自分の名義に変更して管理します。この財産の所有者はあくまでも託す人なので、この時点では贈与税や不動産取得税などは発生しません。

また契約のなかには、託した財産を誰にどのように相続させるかも記載することができます。家族信託は、遺言のような役割も合わせ持っているのです。

家族信託は、認知症と相続の対策を同時にすることができます。

一人暮らしでいろいろ不安

独居高齢者はどのような準備をしたらいいでしょう

身元保証、任意後見、死後事務委任、そして遺言を考えましょう

田舎でも、一人暮らしの高齢者が増加しています。そういう方々のサポートを全部引き受けられる制度があればいいのですが、残念ながら現状ではさまざまな制度を組み合わせていくしかありません。われわれのところにも、いろいろなお困りごと、心配ごとでご相談が寄せられますが、なかでも特に考えておいていただきたいことが3つあります。

1つは、身元保証人です。介護が必要になって施設に入所するとき、あるいは入院するときなどに、身元保証人を求められることがあり、われわれがお引き受けすることもあります。身元保証を含めた支援サービスを提供している企業もありますが、トラブル

になっている例もあります。ですから、何をしてくれるのか、全部でどれだけの費用がかかるのか（預託金、その後の都度・月々の費用）など、しっかり確認しておく必要があります。

２つ目は認知症になった場合のサポートです。将来、もし判断能力がなくなったときに備えて、財産の管理や各種手続きの代理などを頼んでおく方法として「任意後見制度」があります。この制度では、本人の意思で「任意後見人」を選んで、自分の頼みたい内容で契約を結ぶことができます。65歳以上の４人に１人が認知症になると言われている時代ですから、検討してみてはいかがでしょうか。

似ているものに法定後見制度がありますが、これは本人の判断能力がなくなったときに家庭裁判

施設への入所・入院に備えて… → 身元保証

認知症になった場合に備えて… → 任意後見

自分が亡くなった後に備えて… → 死後事務委任

所が後見人を選ぶ制度です。

3つ目は、自分が亡くなった後のことです。葬儀や埋葬など、死後のいろいろな手続きは「死後事務委任契約」によって第三者に頼んでおくことができます。友人や知人に頼むことも可能ですが、火葬、お寺、お墓などいろいろな手続が発生するので、専門家のほうがお勧めです。死後事務委任に対応している司法書士などに、まず相談してみましょう。

もう1つは、財産についてです。身寄りのない方の場合は相続する人もいませんから、財産は家庭裁判所によって選任される「相続財産管理人」が管理することになります。しかし、財産を処分するまでの手続きは非常に多く、時間もかかります。

そもそも、「誰が」家庭裁判所に相続財産管理人の申し立てをするのかという問題もありますし、申し立ててから選任されるまでには数か月かかります。相続財産管理人が選任されても、不動産の処分などには都度裁判所の許可が必要ですし、生前お世話していた方に財産を譲るとしても、疎明資料が大量に必要だったり、一苦労です。相続人がいないこと（相続人不存在）を確定するために、相続人捜索の公告も一定期間行わなければならず、最終的に残った財産は、国庫に納められることになります。財産の処分が完了するまでには、概ね1年程度かかってしまうのです。

こういう状況を避けるには、遺言書を作成しておくのがお勧めです。お世話になった方に譲る、あるいは何らかの団体等に寄付するなど、自分の意思で財産の譲り渡し先を決めることができますし、遺言書に基づいた執行ならば、手続きも最短1～2か月で完了します。

お一人で生活し、何でも自分でしている方も、将来的には一人ではできなくなる可能性があります。まして、亡くなった後は自分では何もできません。一度きちんと考えてみることをお勧めします。

安心して老後を楽しむためにも手を打っておきましょう。

解説コラム

死後事務委任契約

死後事務委任契約書に盛り込む内容には、以下のようなものがあります。詳しくは専門家にご相談することをお勧めします。

①亡くなった後の親族等関係者への連絡、②葬儀・納骨に関すること、③生前に残っている債務（医療費や老人ホームの費用等）の支払い、④家財道具等の処分、⑤行政への届出に関すること、⑥上記の費用の支払い…。

3章　田舎の相続税対策

現金を上手に減らす方法

お墓や仏壇を買うなら生前に

相続税の対策の基本は、「現金」を減らしておくことです。生前に大きな買い物をすれば現金が減るので良さそうですが、そう単純ではありません。たとえば高価な美術品や宝石などは時間が経っても価値が下がらないものとされ、購入時のままの評価額がついて相続財産に含まれるからです。

比較的高価なもので、相続税対策としてもメリットがあるのは「お墓」です。生前に墓地の永代使用料を支払い、墓石を購入しておくと、現金を減らすことができます。墓地や墓石、仏壇や仏具、神棚のように祭祀に関するものは「祭祀財産」といい、相続財産にも含まれませんので、購入する計画があるなら生前がお勧めです。

ただし注意点もいくつかあります。墓地や墓石など祭祀財産は、生前に支払いを終えておく必要があります。相続財産では、亡くなった時点で支払いが残っている（未払金）

ものは、債務として財産から差し引くことができますが、そもそも課税対象にならない祭祀財産の未払金は、債務にはなりません。つまり支払いが終わっていないと、購入していないのと同じことになってしまいます。

また極端に高価な仏壇や仏像などを購入すると、投資とみなされ課税対象になる可能性があります。常識的な範囲にとどめておいたほうがいいでしょう。

アパートの家賃収入を子どもへ

アパートや駐車場、貸しビルなど、賃料収入がある不動産を「収益不動産」といいます。収益不動産は、不動産自体が相続財産であるとともに、賃料によって現金も毎月増えていきます。

そこで現金が増えることを防ぐ策として、収益不動産を生前贈与するという方法があります。たとえばアパートを子どもの名義にすることで、毎月の賃料は子どもに入るようになり、自分の現金の蓄積を抑えることができるのです。

収益不動産の生前贈与をするうえで、併せて活用をお勧めしたいのが「相続時精算課税制度」です。これは60歳以上の親や祖父母が、20歳以上の子や孫に財産を贈与した場合に利用できる制度で、2500万円までならば贈与税がかかりません。

その代わり、贈与した人が亡くなったときに、贈与時の評価額に対する相続税は発生しますが、これをアパートの生前贈与と組み合わせれば、現金収入を抑えることができるメリットは大きいと言えるでしょう。

相続時精算課税制度は、収益不動産に限らず、一般的に贈与で使うことができる制度です。たとえば所有している土地の価格が、今後確実に上がるならば、先立って贈与しておくのも一つの方法です。判断は難しいところですが、その土地の値が上がれば、贈与したときの評価額で相続税が課せられるので、税額を低く抑えられるからです。

また相続税対策でよく使われる方法に、年間の贈与額が110万円以下ならば贈与税がかからない「暦年贈与」がありますが、相続時精算課税制度と暦年贈与のどちらかしか利用することはできません。

生命保険を活用する

生命保険は、財産を残したい人に確実に残せる手段と言えます。保険金は遺産分割の対象にはならず、遺留分もないため、受取人に確実にお金を渡すことができるのです。

一方、相続税については保険金も課税対象になるため、相続財産には含めて考えなければなりません。しかし生命保険の保険金収入には、「500万円×法定相続人の数」までの非課税枠があります。たとえば法定相続人が3人ならば、「500万円×3人＝1500万円」までが非課税です。保険金を受け取る人が1人でも、法定相続人が3人ならば非課税枠は1500万円になります。

生命保険は、保険料を一括で支払わない限り時間を要する策でもあり、高齢になってからでは使えないのでは……と思うかもしれませんが、高齢でも加入しやすい一時払い（一括で保険料を支払う）終身保険もあります。たとえば、保険料が1000万円だとすると、1000万円の現金を支払うことで、財産を減らすことができます。加えて、非課税枠も利用することができ、残したい人に財産を残すこともできるのです。

財産を子どもや孫に役立てつつ、節税する方法

孫の教育資金の非課税制度を利用する

子どもの学費は親が負担するというのが一般的かもしれませんが、祖父母にも孫の扶養義務があるので学費を支払っても贈与にはあたりません。入学金や授業料など、必要なときに必要なだだけ支払うことができればいいのですが、孫が小さい場合は、この方法では将来の学費を払ってあげることはできないかもしれません。

そこで、直系の祖父母、曽祖父母（直系尊属）から教育資金の一括贈与を受けた場合に、相続税が非課税になる制度が設けら

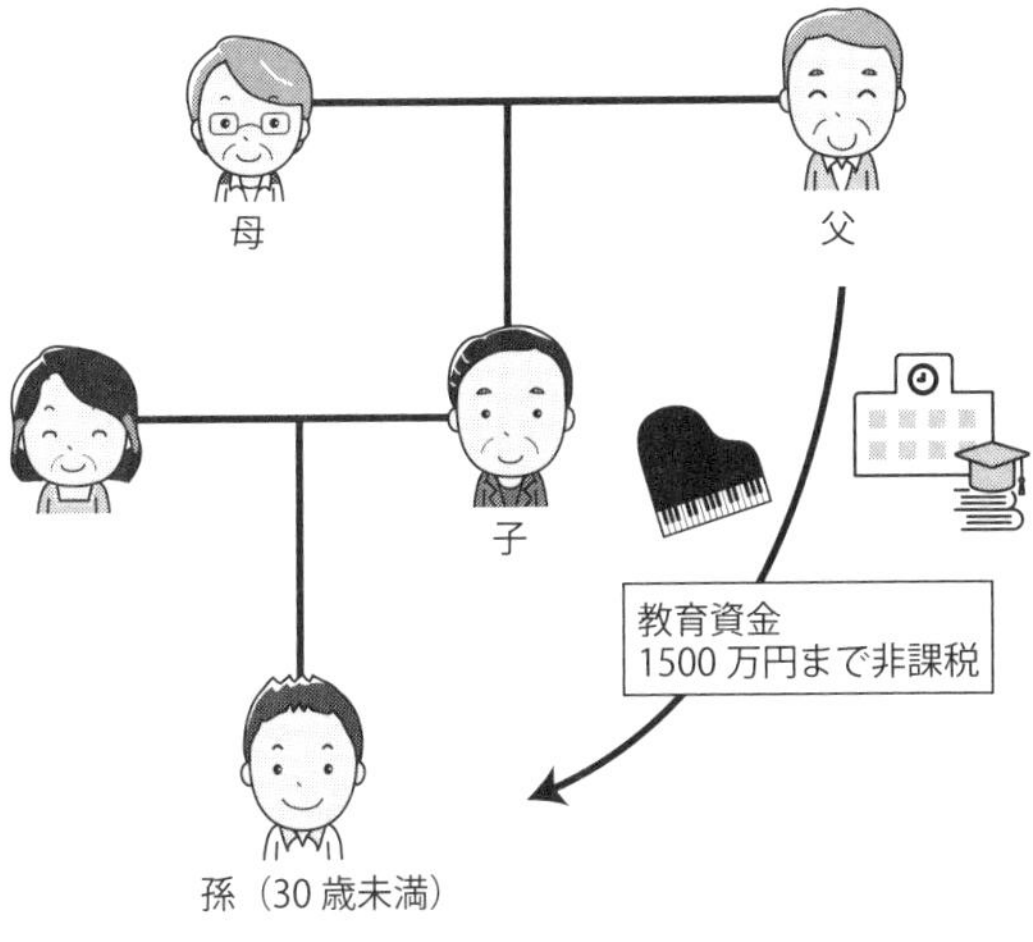

れています。30歳未満ならば贈与を受けることができ、非課税枠は1500万円までで、幼稚園、保育園から大学、大学院、専門学校などの学費にあてることができます。学習塾、水泳や野球、ピアノなどの習い事にも使えますが、使える年齢は23歳未満です。

この制度は、金融機関に教育資金用の口座を開設して、そこに資金を預け、学費などを支払った時の領収書を金融機関に提出して、資金を口座から引き出すという手順で使います。口座の残金がゼロになるか、贈与を受けた人が30歳になったとき、あるいは死亡した時点で終了し、終了時点で口座に残っていた資金は、贈与税の対象になります。

2021年3月31日までの期間限定の制度ですが、期間が延長される可能性もありますので、国税庁のホームページなどで確認してください。

結婚・子育て資金の非課税制度を利用する

学費と同じような制度で、直系の父母や祖父母（直系尊属）から結婚・子育て資金の一括贈与を受けた場合に、贈与税が非課税になる制度もあります。20歳以上、50歳未満の子どもや孫が贈与を受けることができ、非課税枠は1000万円までで、そのうち

300万円までを結婚資金として使うことができます。子育て資金に該当するのは、不妊治療や妊婦健診、分べん費や産後ケア、子どもの医療費、幼稚園・保育所、ベビーシッター代などで、小学校に入学するまでの子育て費用として使用することができます。

この制度は、金融機関に結婚・子育て資金用の口座を開設して、そこに資金を預け、結婚・子育てに使用した費用の領収書を金融機関に提出して、口座から引き出すという手順で使います。口座の残金がゼロになるか、贈与を受けた人が50歳になったとき、あるいは死亡した時点で終了し、終了時点で口座に残っていた資金は、贈与税の対象になります。

2021年3月31日までの期間限定の制度ですが、期間が延長される可能性もありますので、国税庁のホームページなどで確認してください。

住宅購入資金の非課税制度を利用する

家を建てる、買う、増改築するための資金を、親から援助してもらうことは珍しくないでしょう。直系の父母や祖父母（直系尊属）から住宅の取得や増改築の資金贈与を受けた場合にも、非課税になる制度があります。

この制度には、贈与を受ける人が20歳以上で、その年の所得が２０００万円以下であること、贈与の翌年の3月15日までにその家に住むなど、利用するための要件がいくつもあります。非課税枠は、住宅の新築等の契約を締結した年度、また省エネや耐震、バリアフリー等一定の基準を満たしている（省エネ等住宅）かどうかなどにより、３０００万円から７００万円まで開きがあり、省エネ等住宅のほうが非課税枠が高く設定されています。また贈与税の基礎控除１１０万円との併用も可能です。

またこの制度は、あくまでも住宅の取得や増改築の資金に対する特例なので、他の用途に使うことはできません。すでに購入した家などのローン返済にあてることもできないので、金融機関から借り入れをする前に贈与を受ける必要があります。また贈与を受けた翌年の2月1日から3月15日までに必ず申告しなければならず、申告が遅れると適用を受けることができません。

年間110万円の基礎控除をかしこく使う

年間110万円までの贈与は、基礎控除によって贈与税がかからないため、毎年少しずつ贈与している方もおられることでしょう。贈与税は受け取った側に課せられる税金ですから、贈る側は何人に贈与しても構いません。たとえば3人に対して、毎年100万円ずつ10年間贈与し続けたら、3000万円の財産を渡すことができるのです。多額の現金を持っていて、時間をかけられる方には、良い方法といえるでしょう。

ただし、いくつか注意点があります。

1000万円×10年＝1000万円の贈与行うと、税務署から「もともと1000万円を贈与することが決まっていた」（定期贈与）と見なされ、1000万円全額に贈与税が課せられる可能性があります。そのつもりはないのに、定期贈与と見なされるのは本意ではありませんから、税務署から指摘を受けないように工夫している方が多いようです。

もう一つ注意が必要なのは、贈与を受ける人が法定相続人の場合です。法定相続人への贈与の場合は、亡くなる前3年以内に贈与されたものは相続財産に含まれ、相続税の対象になります。

一方、法定相続人以外、たとえば孫に対する贈与の場合は、亡くなる前3年以内に行われたものでも相続財産には含まれません。「法定相続人以外」ですから、姪や甥、あるいは友人の子どもなど親族でない人への贈与でも同様です。

また贈与は、贈与を受けた人が「贈与された」ことを認識していて、受け取ったお金を管理している必要があります。たとえば、子どものために内緒の銀行口座に毎年贈与しても、子どもは知りませんし、管理もしていませんから、贈与と見なされません。その結果、そのお金すべてが相続財産に含まれることになってしまいます。遺産分割協議の結果、その子ども以外の人に財産が渡る可能性もあるので注意が必要です。

養子縁組で法定相続人を増やす

子どもがいない、あるいは少ない方の場合、養子縁組によって法定相続人を増やすケースがあります。法定相続人を増やすメリットは、控除額や非課税額を増やせることです。相続税の基礎控除額は「3000万円+法定相続人の数×600万円」です。法定相続人が2人ならば4200万円ですが、3人になると4800万円まで控除されます。また生命保険や死亡退職金の非課税額は「法定相続人の数×500万円」なので、法定相続人が増えればそれだけ非課税額が高くなり、節税対策としては有効な方法ではあります。

養子縁組には、実親との親子関係を解消する「特別養子縁組」と、実親との親子関係を維持したままの「普通養子縁組」があります。相続税対策として行われる場合は、普通養子縁組が一般的です。

ただ普通養子縁組は、1人の子どもが2組の親子関係を持つことになるため、注意も必要です。たとえば、普通養子縁組で孫を養子にすると、その子は実親の子どもであり、同時に祖父母（養父母）の子どもにもなるわけです。その結果、その子どもは養父母からの相続と、実親からの相続と両方の法定相続人となります。遺産分割協議を難しくする要因ともなりかねないので、親族の理解を得るなど慎重に進めることをお勧めします。

特別養子縁組

普通養子縁組

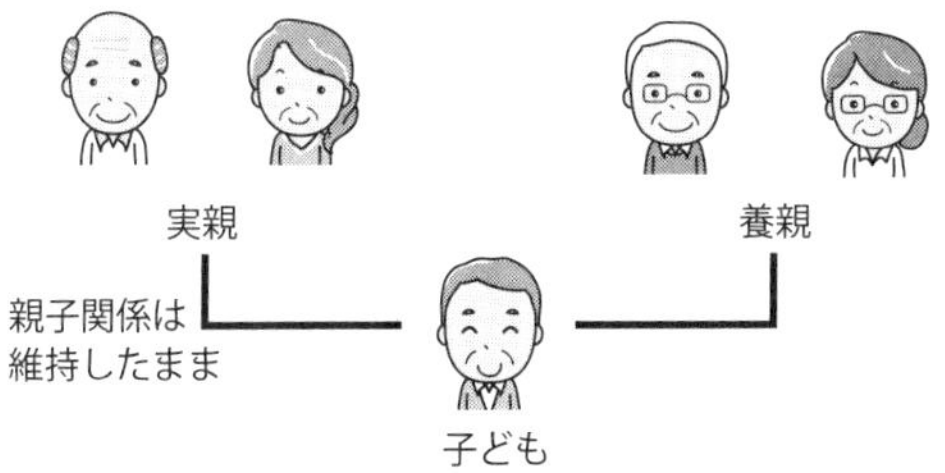

おわりに

兵庫県高砂市は、姫路市と加古川市のあいだにある、人口9万人の市です。南は播磨灘に面し、工場も林立しています。

高砂市は、著者である私たちが生まれ育った地元。そして明治42年に、曽祖父が梅谷事務所を創業した地でもあります。以来、長らくこの地元高砂市で業務を続けることができ、私たちで4代目になりました。お客様の中には祖父母の代からご相談くださっている方もいらっしゃいますし、「〝以前〟に相談したのだけれど……」とおっしゃるのが、曽祖父の代だったということもあります。

高砂市は、決して大きいとは言えない地域ですが、寄せられる相談は実に様々です。中でも、相続は十人十色。法務・会計専門の総合士業事務所として、各分野の専門家が所属している当事務所でも、いまだに初めて扱う事例もあるほどです。

本書は、お客様からいただいた多くの相談の中から、他の地域でもお役に立てると考えた事例を中心にまとめました。特に、「田舎」と呼ばれるような地域には、農地や慣習など特有の事情ゆえに、相続がスムーズに進まないことも少なくありません。また、親と子が離れて暮らすことも多い今日では、事情を汲み取れずに手続きに四苦八苦したり、届出期限に間に合わず、意図しない相続になったりすることもあります。

これらの課題の解消に活用していただけるよう、本書のタイトルは『田舎の相続』としました。本書を手に取ってくださった皆様の相続に、少しでもお役に立てれば幸いです。

私たち梅谷事務所は、２０２０年、１１２年目を迎えます。今後も、多くの方に寄り添い、誠実に業務に取り組んで参ります。

最後に、私たちに多くの経験の機会を与えてくださっているお客様に、心から感謝申し上げます。

梅谷正太
梅谷俊平

《著者》
梅谷　正太
司法書士・行政書士・家族信託専門士。1978年、兵庫県高砂市生まれ。岡山大学卒業。司法書士事務所勤務を経て、梅谷事務所へ。

梅谷　俊平
公認会計士・税理士。1982年、兵庫県高砂市生まれ。関西学院大学卒業。有限責任あずさ監査法人、税理士法人勤務を経て梅谷事務所へ。

田舎の相続

2020年1月20日　初版第一刷発行

著　　者　梅谷　正太、梅谷　俊平
発 行 者　榊原　陸
発 行 所　金融ブックス株式会社
http//www.kinyubooks.co.jp
〒101-0021　東京都千代田区外神田6-16-1-502
TEL03-5807-8771（代表）
FAX03-5807-3555
制　　作　三坂輝プロダクション
制作協力　杉本　恭子
デザイン　三橋　美由記（LIFE&MAGAZINE）
印刷・製本　株式会社シナノ

ISBN978-4-904192-84-9 C2030